GRöLS Verlage

„Bücher sind wie Fallschirme. Sie nützen uns nichts, wenn wir sie nicht öffnen."

Gröls Verlag

Redaktionelle Hinweise und Impressum

Das vorliegende Werk wurde zugunsten der Authentizität sehr zurückhaltend bearbeitet. So wurden etwa ursprüngliche Rechtschreibfehler regelmäßig *nicht* behoben, denn kleine Unvollkommenheiten machen das Buch – wie im Übrigen den Menschen – erst authentisch. Mitunter wurden jedoch zum Beispiel Absätze behutsam neu getrennt, um den Lesefluss zu erleichtern.

Um die Texte zu rekonstruieren, werden antiquarische Bücher von Lesegeräten gescannt und dann durch eine Software lesbar gemacht. Der so entstandene Text wird von Menschen gegengelesen und korrigiert – hierbei treten auch Fehler auf. Wenn Sie ebenfalls antiquarische Texte einreichen möchten, finden Sie weitere Informationen auf www.groels.de

Viel Freude bei der Lektüre wünscht Ihnen das Team des Gröls-Verlags.

Adressen

Verleger: Hermann-Josef Gröls,

Im Borngrund 26, 61440 Oberursel

Externer Dienstleister für Distribution & Herstellung:

BoD, In de Tarpen 42, 22848 Norderstedt

Unsere „Edition | Werke der Weltliteratur“ hat den Anspruch, eine der größten und vollständigsten Sammlungen klassischer Literatur in deutscher Sprache zu werden. Nach und nach versammeln wir hier nicht nur die „üblichen Verdächtigen“ von Goethe bis Schiller, sondern auch Kleinode der vergangenen Jahrhunderte, die – zu Unrecht – drohen, in Vergessenheit zu geraten. Wir kultivieren und kuratieren damit einen der wertvollsten Bereiche der abendländischen Kultur. Kleine Auswahl:

Francis Bacon • Neues Organon • **Balzac** • Glanz und Elend der Kurtisanen • **Joachim H. Campe** • Robinson der Jüngere • **Dante Alighieri** • Die Göttliche Komödie • **Daniel Defoe** • Robinson Crusoe • **Charles Dickens** • Oliver Twist • **Denis Diderot** • Jacques der Fatalist • **Fjodor Dostojewski** • Schuld und Sühne • **Arthur Conan Doyle** • Der Hund von Baskerville • **Marie von Ebner-Eschenbach** • Das Gemeindekind • **Elisabeth von Österreich** • Das Poetische Tagebuch • **Friedrich Engels** • Die Lage der arbeitenden Klasse • **Ludwig Feuerbach** • Das Wesen des Christentums • **Johann G. Fichte** • Reden an die deutsche Nation • **Fitzgerald** • Zärtlich ist die Nacht • **Flaubert** • Madame Bovary • **Gorch Fock** • Seefahrt ist not! • **Theodor Fontane** • Effi Briest • **Robert Musil** • Über die Dummheit • **Edgar Wallace** • Der Frosch mit der Maske • **Jakob Wassermann** • Der Fall Maurizius • **Oscar Wilde** • Das Bildnis des Dorian Grey • **Émile Zola** • Germinal • **Stefan Zweig** • Schachnovelle • **Hugo von Hofmannsthal** • Der Tor und der Tod • **Anton Tschechow** • Ein Heiratsantrag • **Arthur Schnitzler** • Reigen • **Friedrich Schiller** • Kabale und Liebe • **Nicolo Machiavelli** • Der Fürst • **Gotthold E. Lessing** • Nathan der Weise • **Augustinus** • Die Bekenntnisse des heiligen Augustinus • **Marcus Aurelius** • Selbstbetrachtungen • **Charles Baudelaire** • Die Blumen des Bösen • **Harriett Stowe** • Onkel Toms Hütte • **Walter Benjamin** • Deutsche Menschen • **Hugo Bettauer** • Die Stadt ohne Juden • **Lewis Caroll** • *und viele mehr….*

Weh dem, der Lügt!

Franz Grillparzer

Lustspiel in fünf Aufzügen

Inhalt

Personen

Gregor, Bischof von Chalons

Hausverwalter
Atalus, sein Neffe
Leon, Küchenjunge
Kattwald, Graf im Rheingau
Edrita, seine Tochter
Galomir, ihr Bräutigam
Hausverwalter
Der Schaffer Kattwalds
Zwei Knechte Kattwalds
Ein Pilger
Ein fränkischer Anführer
Ein Fischer
Sein Knecht

Erster Aufzug

Garten im Schlosse zu Dijon, im Hintergrunde durch eine Mauer geschlossen, mit einem großen Gittertore in der Mitte.

Leon, der Küchenjunge, und der Hausverwalter am Gartentor.

Leon.
Ich muß den Bischof durchaus sprechen, Herr!

Hausverwalter.
Du sollst nicht, sag ich dir, verwegner Bursch!

Leon (sein Küchenmesser ziehend).
Seht Ihr? ich zieh vom Leder, weicht Ihr nicht.
Teilt Sonn' und Wind, wir schlagen uns, Herr Sigrid.

Hausverwalter (nach dem Vorgrunde ausweichend).
Zu Hilfe! Mörder!

Leon. 's ist mein Scherz ja nur. Doch sprechen muß ich Euch den Bischof, Herr.

Hausverwalter.
Es kann nicht sein, jetzt in der Morgenstunde
Geht er lustwandeln hier und meditiert.

Leon.
Ei, meditier' er doch vor allem erst auf mich
Und mein Gesuch, das liegt ihm jetzt am nächsten.

Hausverwalter.
Dein Platz ist in der Küche, dahin geh!

Leon.

So? In der Küche, meint Ihr? Zeigt mir die!
Wenn eine Küch' der Ort ist, wo man kocht,
So sucht Ihr sie im ganzen Schloß vergebens.
Wo man nicht kocht ist keine Küche, Herr,
Wo keine Küche ist kein Koch. Das, seht Ihr?
Wollt' ich dem Bischof sagen; und ich tu's,
Ich tu's fürwahr, und säht Ihr noch so scheel.
Pfui Schande über alle Knauserei!
Erst schickten sie den Koch fort, nun, da meint' ich,
Sie trauten mir so viel, und war schon stolz,
Doch als ich anfing meine Kunst zu zeigen,
Ist alles viel zu teuer, viel zu viel.
Mit Nichts soll ich da kochen, wenn auch nichts.
Nur gestern noch erhascht' ich ein Stück Wildbret,
So köstlich als kein andres, um 'nen Spottpreis,
Und freute mich im voraus, wie der Herr sich,
Der Alte, Schwache, laben würde dran.
Ja, prost die Mahlzeit! Mußt' ich's nicht verkaufen,
An einen Sudelkoch verhandeln mit Verlust;
Weil's viel zu teuer schien, gar viel zu kostbar.
Nennt Ihr das Knauserei? wie, oder sonst?

Hausverwalter.

Man wird dich jagen, allzu lauter Bursch!

Leon.

Mich jagen? Ei, erspart Euch nur die Müh'!
Ich geh von selbst. Hier, meine Schürze, seht!
Und hier mein Messer, das Euch erst erschreckt,
(er wirft beides auf den Boden)

So werf ich's hin und heb es nimmer auf.
Sucht einen andern Koch für eure Fasten!

Glaubt Ihr, für Geld hätt' ich dem Herrn gedient?
Es gibt wohl andre Wege noch und beßre,
Sich durchzuhelfen, für 'nen Kerl wie ich.
Der König braucht Soldaten, und, mein Treu!
Ein Schwert wär' nicht zu schwer für diese Hand.
Doch sah ich Euern Bischof durch die Straßen
Mit seinem weißen Bart und Lockenhaar,
Das Haupt gebeugt von Alterslast,
Und doch gehoben von—ich weiß nicht was,
Doch von was Edlem, Hohem muß es sein;
Die Augen aufgespannt, als säh' er Bilder
Aus einem andern, unbekannten Land,
Die allzugroß für also kleine Rahmen:
Sah ich ihn so durch unsre Straßen ziehn,
Da rief's in mir: dem mußt du dienen, dem,
Und wär's als Stallbub. Also kam ich her.
In diesem Haus, dacht' ich, wär' Gottesfrieden,
Sonst alle Welt im Krieg. Nun da ich hier,
Nun muß ich sehn, wie er das Brot sich abknappt,
Als hätt' er sich zum Hungertod verdammt,
Wie er die Bissen sich zum Munde zählt.
Mag das mit ansehn, wer da will, ich nicht.

Hausverwalter.
Was sorgst du mehr um ihn, als selbst er tut?
Ist er nicht kräftig noch für seine Jahre?

Leon.
Mag sein! Doch ist's was andres noch, was Tiefers.
Ich weiß es manchmal deutlich anzugeben,

Und wieder manchmal spukt's nur still und heimlich.
Daß er ein Bild mir alles Großen war
Und daß ich jetzt so einen schmutz'gen Flecken,
Als Geiz ist, so 'nen hämisch garst'gen Klecks,
Auf seiner Reinheit weißem Kleide seh,
Und sehen muß, ich tu auch, was ich will;
Das setzt mir alle Menschen fast herab,
Mich selber, Euch; kurz alle, alle Welt,
Für deren Besten ich so lang ihn hielt,
Und quält mich, daß ich wahrlich nicht mehr kann.
Kurz, ich geh fort, ich halt's nicht länger aus.

Hausverwalter.
Und das willst du ihm sagen?

Leon.
Ja, ich will's.

Hausverwalter.
Du könntest's wagen?

Leon.
Ei, wohl mehr als das.
Er soll sich vor mir reinigen, er soll
Mir meine gute Meinung wieder geben,
Und will er nicht; nun wohl denn, Gott befohlen!
Pfui Schande über alle Knauserei!

Hausverwalter.
Des wagst du ihn zu zeihn, den frommen Mann?
Weißt du denn nicht, daß Arme, Blinde, Lahme
Der Säckel sind, dem er sein Geld vertraut?

Leon.

Wohl gibt er viel, und segn' ihn Gott dafür!
Doch heißt das Gutes tun, wenn man dem Armen
Die Spende gibt, dem Geber aber nimmt?
Dann seht! Er ließ mich neulich rufen
Und gab mir Geld aus einer großen Truhe
- Die Küchenrechnung nämlich für die Woche -,
Doch eh er's gab, nahm er 'nen Silberling
Und sah ihn zehnmal an und küßt' ihn endlich
Und steckt' ihn in ein Säckel, das gar groß
Und straff gefüllt im Winkel stand der Truhe.
Nun frag ich Euch: ein frommer Mann
Und küßt das Geld. Ein Mann, der Hunger leidet
Und Spargut häuft im Säckel, straff gefüllt.
Wie nennt Ihr das? Wie nennt Ihr so 'nen Mann?
Ich will sein Koch nicht sein. Ich geh und sag ihm's.

Hausverwalter.

Du töricht toller Bursch, willst du wohl bleiben?
Störst du den guten Herrn, und eben heut,
Wo er betrübt im Innern seiner Seele,
Weil Jahrstag grade, daß sein frommer Neffe,
Sein **Atalus**, nach Trier ward gesandt,
Als Geisel für den Frieden, den man schloß;
Allwo er jetzt, da neu entbrannt der Krieg,
Gar hart gehalten wird vom grimmen Feind,
Der jede Lösung unerbittlich weigert.

Leon.

Des Herren Neffe?

Hausverwalter.

Wohl, seit Jahresfrist.

Leon.
Und hat man nichts versucht, ihn zu befrein?

Hausverwalter.
Gar mancherlei; doch alles ist umsonst.
Dort kommt der Herr, versunken in Betrachtung.
Geh aus dem Wege, Bursch, und stör ihn nicht.

Leon.
Er schreibt.

Hausverwalter.
Wohl an der Predigt für den Festtag.

Leon.
Wie bleich!

Hausverwalter.
Ja wohl, und tief betrübt.

Leon.
Doch sprechen muß ich ihn trotz alledem.

Hausverwalter.
Komm, komm! (Er faßt ihn an.)

Leon.
Herr, ich entwisch Euch doch.

(Beide ab.)

(Der Bischof kommt, ein Heft in der Hand, in das er von Zeit zu Zeit schreibt.)

Gregor. Dein Wort soll aber sein: Ja, ja; nein, nein.
Denn was die menschliche Natur auch Böses kennt,
Verkehrtes, Schlimmes, Abscheuwürd'ges,

Das Schlimmste ist das falsche Wort, die Lüge.
Wär' nur der Mensch erst wahr, er wär' auch gut.
Wie könnte Sünde irgend doch bestehn,
Wenn sie nicht lügen könnte, täuschen? erstens sich,
Alsdann die Welt; dann Gott, ging' es nur an.
Gäb's einen Bösewicht? müßt' er sich sagen,
So oft er nur allein: du bist ein Schurk'!
Wer hielt' sie aus, die eigene Verachtung?
Allein die Lügen in verschiednem Kleid:
Als Eitelkeit, als Stolz, als falsche Scham,
Und wiederum als Großmut und als Stärke,
Als innre Neigung und als hoher Sinn,
Als guter Zweck bei etwa schlimmen Mitteln,
Die hüllen unsrer Schlechtheit Antlitz ein
Und stellen sich geschäftig vor, wenn sich
Der Mensch beschaut in des Gewissens Spiegel.
Nun erst die wissentliche Lüge! Wer
Hielt' sie für möglich, wär' sie wirklich nicht?
Was, Mensch, zerstörst du deines Schöpfers Welt?
Was sagst du, es sei nicht, da es doch ist;
Und wiederum, es sei, da es doch nie gewesen?
Greifst du das Dasein an, durch das du bist?
Zuletzt noch: Freundschaft, Liebe, Mitgefühl
Und all die schönen Bande unsers Lebens,
Woran sind sie geknüpft als an das wahre Wort?
Wahr ist die ganze kreisende Natur;
Wahr ist der Wolf, der brüllt, eh' er verschlingt,
Wahr ist der Donner, drohend, wenn es blitzt,
Wahr ist die Flamme, die von fern schon sengt,
Die Wasserflut, die heulend Wirbel schlägt;
Wahr sind sie, weil sie sind, weil Dasein Wahrheit.

Was bist denn du, der du dem Bruder lügst,
Den Freund betrügst, den Nächstes hintergehst?
Du bist kein Tier, denn das ist wahr;
Kein Wolf, kein Drach', kein Stein, kein Schierlingsgift:
Ein Teufel bist du, der allein ist Lügner,
Und du ein Teufel, insofern du lügst.
Drum laßt uns wahr sein, vielgeliebte Brüder,
Und euer Wort sei ja und nein auf immer.

So züchtig' ich mich selbst für meinen Stolz.
Denn wär' ich wahr gewesen, als der König
Mich jüngst gefragt, ob etwas ich bedürfe,
Und hätt' ich Lösung mir erbeten für mein Kind,
Er wär' nun frei, und ruhig wär' mein Herz.
Doch weil ich zürnte, freilich guten Grunds,
Versetzt' ich: Herr, nicht ich bedarf dein Gut;
Den Schmeichlern gib's, die sonst dein Land bestehlen.
Da wandt' er sich im Grimme von mir ab,
Und fort in Ketten schmachtet Atalus.
(Er setzt sich erschöpft auf eine Rasenbank.)

Leon (kommt von der Seite).
Hat's Müh' gebraucht, dem Alten zu entkommen!
Da sitzt der Herr. Daß Gott! Mit bloßem Haupt.
Erst ißt er nicht, dann in die Frühlingsluft,
Die rauh und kalt, noch nüchtern wie er ist.
Er bringt sich selbst ums Leben. Ja, weiß Gott,
Blieb' ich in seinem Dienst, ich kauft' 'ne Mütz'
Und würf' sie ihm in Weg, daß er sie fände
Und sich das Haupt bedeckte; denn er selbst,
Er gönnt sich's nicht. Pfui, alle Knauserei!
Er sieht mich nicht. Ich red ihn an, sonst kehrt

Herr Sigrid wieder, und es ist vorbei.
Ehrwürd'ger Herr!

Gregor.
Rufst du, mein Atalus?

Leon.
Ich, Herr.

Gregor.
Wer bist du?

Leon.
Ei, **Leon** bin ich,
Leon der Küchenjunge, oder gar wohl
Leon der Koch, will's Gott.

Gregor (stark).
Ja wohl, wenn Gott will.
Denn will er nicht, so liegst du tot, ein Nichts.

Leon.
Ei, habt Ihr mich erschreckt!

Gregor.
Was willst du?

Leon.
Herr...

Gregor.
Wo ist die Schürze und dein Messer, Koch?
Und wes ist das, so vor mir liegt im Sand?

Leon.
Das ist mein Messer, meine Schürze, Herr.

Gregor.
Weshalb am Boden?

Leon.
Herr, ich warf's im Zorn
Von mir.

Gregor.
Hast du's im Zorn von dir gelegt,
So nimm's in Sanftmut wieder auf.

Leon.
Ja, Herr...

Gregor.
Fällt's dir zu schwer, so tu ich's, Freund, für dich.
(Er bückt sich.)

Leon (zulaufend).
Je, würd'ger Herr! O weh! was tut Ihr doch?
(Er hebt beides auf.)

Gregor.
So! und leg beides an, wie sich's gebührt.
Ich mag am Menschen gern ein Zeichen seines Tuns.
Wie du vor mir standst vorher, blank und bar,
Du konntest auch so gut ein Tagdieb sein,
Hinausgehn in den Wald, aufs Feld, auf Böses.
Die Schürze da sagt mir, du seist mein Koch,
Und sagt dir's auch. Und so, mein Sohn, nun rede.

Leon.
Weiß ich doch kaum, was ich Euch sagen wollte.
Ihr macht mich ganz verwirrt.

Gregor.
Das wollt' ich nicht.
Besinn dich, Freund! War es vielleicht, zu klagen?
Die Schürze da am Boden läßt mich's glauben.

Leon.
Ja wohl, zu klagen, Herr. Und über Euch.

Gregor.
So? über mich? das tu ich, Freund, alltäglich.

Leon.
Nicht so, mein Herr, nicht so! Und wieder doch!
Allein nicht als Leon, ich klag als Koch,
Als Euer Koch, als Euer Diener, Herr:
Daß Ihr Euch selber haßt.

Gregor.
Das wäre schlimm!
Noch schlimmer Eigenhaß als Eigenliebe.
Denn hassen soll man nur das Völlig-Böse;
Und völlig-bös, aufrichtig, Freund, glaub ich mich nicht.

Leon.
Ei, was Ihr sprecht! Ihr völlig böse, Herr?
Ihr völlig gut, ganz völlig, bis auf eins.

Gregor.
Und dieses eine wär', daß ich mich hasse?

Leon.
Daß Ihr Euch selbst nichts gönnt, daß Ihr an Euch
Abknappt, was Ihr an andre reichlich spendet.
Und das kann ich nicht ansehn, ich, Eu'r Koch.
Ihr müßt dereinst am jüngsten Tag vertreten

Wohl Eure Seel', ich Euern Leib, von Rechtens,
Und darum sprech ich hier in Amt und Pflicht.
Seht! essen muß der Mensch, das weiß ein jeder,
Und was er ißt, fließt ein auf all sein Wesen.
Eßt Fastenkost und Ihr seid schwachen Sinns,
Eßt Braten und Ihr fühlet Kraft und Mut.
Ein Becher Weins macht fröhlich und beredt,
Ein Wassertrunk bringt allzuviel auf g'nug.
Man kann nicht taugen, Herr, wenn man nicht ißt.
Ich fühle das an mir, und deshalb red ich.
Solang ich nüchtern, bin ich träg und dumm,
Doch nach dem Frühstück schon kommt Witz und Klugheit,
Und ich nehm's auf mit jedem, den Ihr wollt.
Seht Ihr?

Gregor.
Hast du gegessen heute schon?

Leon.
Ei ja!

Gregor.
Daß Gott! drum sprichst du gar so klug.

Leon.
Ei, klug nun oder unklug, wahr bleibt's doch.
Den Braten nur vom Hirschkalb, gestern noch,
Zurück mußt ich ihn schicken, ihn verkaufen,
Ein Stückchen Fleisch, wie keins Ihr je gesehn.

Gregor.
Er war zu kostbar, Freund, für mich.

Leon.
Zu kostbar?
Für so 'nen Herrn? Ei seht! Warum nicht gar?
Dann hätt' er Euch so viel als nichts gekostet;
Ja, wirklich nichts. Wollt Ihr ihn heute, Herr?
Er ist noch da und kostet nichts; denn seht
's ist so—'s ist ein Geschenk von frommen Leuten.
Wahrhaftig ein Geschenk.

Gregor.
Lügst du?

Leon.
Ei was!

Gregor.
Weh dem, der lügt!

Leon.
Nu, nu!

Gregor.
Verwegener!

Leon.
Hab ich gelogen, war's zu gutem Zweck.

Gregor.
Was weißt du schwacher Wurm von Zweck und Enden?
Der oben wird's zu seinem Ziele wenden.
Du sollst die Wahrheit reden, frecher Bursch!

Leon.
Nun also: ich hätt's, Herr, bezahlt für Euch.

Wozu so viel Geschrei? Ich tu's nicht wieder.
Hätt' ich mein Tag geglaubt, daß so was Sünde!

Gregor.
Geh jetzt!

Leon.
So lebt denn wohl!
(Er geht, kehrt aber gleich wieder um.)
Doch noch ein Wort!
Zürnt nicht, ich kann wahrhaftiglich nicht anders.
So 'n Herr, so brav, daß selbst die kleinste Lüge,
Ein Notbehelf ihn aufbringt—Zürnet nicht!
Ich rede ja den Lügen nicht das Wort,
Ich meine nur—Daß so ein wackrer Herr...
Es muß heraus! daß so ein Herr—pfui geizig!
Was hat denn Geld so Schön's, daß Ihr's so liebt?

Gregor.
Wie kommst du darauf?

Leon
Würd'ger Herr, mit Gunst!
Ich sah Euch einen Sack mit Pfennig' küssen,
Der oben steht im Winkel Eurer Truhe,
Und hier spart Ihr Euch ab, um dort zu sammeln?
Nennt Ihr das recht? Seht Ihr, so sind wir wett.

Gregor.
Das also war's?

Leon.
Ja das. Und nicht bloß ich,

Auch andre Leute nehmen das Euch übel,
Und seht, das kränkt mich, Euern treuen Diener.

Gregor.
Da, seh ich, wird Rechtfertigung zur Pflicht.
Ein Seelenhirt soll gutes Beispiel geben,
Und nimmer komme Ärgernis durch mich.
Setz dich und höre, wie ich mich verteid'ge.

Leon.
Je Herr!

Gregor.
Ich sage: setze dich!

Leon.
Nun, hier denn.
(Er setzt sich auf die Erde vor dem Bischof nieder.)

Gregor.
Dich hat geärgert, daß ich Spargut häufe,
Das Geld geküßt, das ich mir abgedarbt.
Hör zu! Vielleicht, daß du mich dann entschuldigst.
Als man, es ist jetzt übers Jahr, den Frieden,
Den langersehnten, schloß mit den Barbaren
Jenseits des Rheins, da gab und nahm man Geisel,
Sich wechselseits mißtrauend, und mit Recht.
Mein Neffe, meiner einzigen Schwester Sohn,
Mein Atalus, war in der Armen Zahl,
Die, aus dem Kreis der Ihren losgerissen,
Verbürgen sollten den erlognen Frieden.
Kaum war er angelangt bei seinen Hütern
Im Rheingau, über Trier weit hinaus,
Wo noch die Roheit, die hier Schein umkleidet,

In erster Blöße Mensch und Tier vermengt,
Kaum war er dort, so brach der Krieg von neuem,
Durch Treubruch aufgestachelt, wieder los,
Und beide Teile rächen an den Geiseln,
Den schuldlos Armen, ihrer Gegner Schuld.
So liegt mein Atalus nun hart gefangen,
Muß Sklavendienst verrichten seinem Herrn.

Leon.
Ach je, daß Gott!

Gregor.
Ich hab um Lösung mich verwendet.
Doch fordern seine Hüter hundert Pfund
An guter Münze fränkischen Gepräqs.
Und so viel hab ich nicht.

Leon.
Ihr scherzt doch nur,
Denn dreimal hundert Pfund, und wohl noch drüber,
Zinst ihrem Vorstand Langres' Kirchgemeine.

Gregor.
Das ist das Gut der Armen und nicht meins.
Dem Bischof gab man, daß er geben könne,
Des Kirchenguts Verwalter, nicht sein Herr.
Doch Kleidung, Nahrung und des Leibes Notdurft,
Das mag der Bischof fordern, wie ein andrer,
Und was er dran erspart, ist sein vielleicht.
Vielleicht; vielleicht auch nicht. Ich hab's gewagt zu deuten.
Sooft ich nun ein armes Silberstück
Von meinem Teil erspart, leg ich's beiseite,
Wie du gesehn, und mag's auch manchmal küssen,

Wie du mir vorwirfst; denn es ist das Lösgeld
Für meinen Atalus, für meinen Sohn.

Leon (aufspringend).
Und ist schon viel im Sack?

Gregor.
Schon bei zehn Pfund.

Leon.
Und hundert soll er gelten? Herr, mit Gunst!
Da mögt Ihr lange sparen, bis es reicht.
Indes quält man den armen Herrn zu Tod.

Gregor.
Ich fürchte, du hast recht.

Leon.
Je, Herr, das geht nicht.
Das muß man anders packen, lieber Herr.
Hätt' ich zehn Bursche nur gleich mir, beim Teufel!—
Bei Gott! Herr, wollt' ich sagen—ich befreit' ihn.
Und so auch, ich allein. Wär' ich nur dort,
Wo er in Haft liegt!—Herr, was gebt Ihr mir?
Das ist 'ne Redensart, ich fordre keinen Lohn.
Was gebt Ihr mir, wenn ich ihn Euch befreie?
Wär' ich nur dort, ich lög' ihn schon heraus.

Gregor.
Weh dem, der lügt!

Leon.
Ja so? Nu, Herr, mit Gunst!
Um Gotteswillen gibt man ihn nicht frei.
Da bleibt nichts übrig, als: wir reden Wahrheit,

Und er bleibt, wo er ist. Verzeiht! und Gott befohlen!
Ich hab's nicht schlimm gemeint. (Er geht.)

Gregor.
Du Vater aller,
In deine Hand befehl ich meinen Sohn!

Leon (umkehrend).
Ach Herr, verzeiht! es fuhr mir so heraus.
Weiß man doch kaum, wie man mit Euch zu sprechen.
Ich hatte fast ein Plänchen ausgedacht,
Den dummen Teufeln im Barbarenland,
Des Neffen Hütern, seht, eins aufzuheften
Und ihn wohl gar, wenn's gut geht, zu befrein.
Doch Wahrheit, Herr...

Gregor.
Du sollst nicht fälschlich zeugen,
Hat Gott der Herr im Donnerhall gesprochen.

Leon.
Allein bedenkt!

Gregor.
Weh dem, der lügt!

Leon.
Und wenn nun Euer Neffe drob vergeht?

Gregor.
So mag er sterben, und ich sterbe mit.

Leon.
Ach, das ist kläglich! Was habt Ihr gemacht?

Ich bin nun auch in Haft, geplagt, geschlagen,
Kann nimmer ruhn, nicht essen, trinken, schlafen,
Solang das zarte Herrlein Euch entwandt.
Bei Trier, sagt Ihr, liegt er; war's nicht so?

Gregor.
Ja wohl!

Leon.
Wie, Herr, wenn eins zum Feinde ginge,
Statt Atalus sich stellte dem Verhaft?

Gregor.
Zu Geiseln wählt man mächt'ger Leute Kinder;
Leon bürgt kaum für sich, wie denn für andre?

Leon.
Hm, das begreift sich. Doch wenn Atalus
Ersäh' den Vorteil, seiner Haft entspränge?

Gregor.
Er möcht' es ohne Sünde, denn der Krieg
Zählt ihrer Bürgschaft los des Friedens Geiseln,
Und nur mit Unrecht hält man ihn zurück.
Allein wie könnt' ein Jüngling, weich erzogen,
Vielleicht zu weich, in solcher Not sich helfen,
Durch wüste Steppen wandern, Feinden trotzen,
Der Not, dem Mangel?—Atalus kann's nicht.

Leon.
Doch wenn ein tücht'ger Bursch zu Seit' ihm stände,
Ihn zu Euch brächte, lebend und gesund?
Entlaßt mich Eures Diensts!

Gregor.
Was sinnest du?

Leon.
Ich geh nach Trier.

Gregor.
Du?

Leon.
Bring Euch den Neffen.

Gregor.
Dünkt dir zu scherzen Zeit?

Leon.
Vergeb' Euch's Gott!
Ich scherzte nicht, drum sollt auch Ihr nicht scherzen.
In vollem Ernst, ich stell Euch Euern Sohn.

Gregor.
Und wenn du's wolltest, wenn du's unternähmst,
Ins Haus des Feinds dich schlichest, ihn betrogst,
Mißbrauchtest das Vertraun, das Mensch dem Menschen gönnt,
Mit Lügen meinen Atalus befreitest;
Ich würd' ihn von mir stoßen, rück ihn senden
Zu neuer Haft; ihm fluchen, ihm und dir.

Leon.
Topp! Herr, auf die Bedingung.—Aber seht,
Wenn nicht ein bißchen Trug uns helfen soll,
Was hilft denn sonst?

Gregor (stark).
Gott! Mein, dein, aller Gott!

Leon (auf die Knie fallend).
O weh, Herr!

Gregor.
Was?

Leon.
Es blitzte.

Gregor.
Wo?

Leon.
Mir schien's so.

Gregor.
Im Innern hat des Guten Geist geleuchtet,
Der Geist des Argen fiel vor seinem Blitz.
Was dir in diesem Augenblicke recht erscheint,
Das tu! Und sei dir selber treu und Gott.
Weh dem, der lügt!

Leon (der aufgestanden ist).
So gebt Ihr mir Vergünst'gung?

Gregor.
Tu, was dir Gott gebeut; vertrau auf ihn!
Vertraue, wie ich's nicht getan, ich nicht,
Ich schwacher Sünder nicht.
Hier, nimm den Schlüssel
Zum Säckel, der in meiner Truhe liegt.

(Er zieht ihn aus der Brust und will ihn Leon geben, gibt ihn aber dem Hausverwalter, der zur Seite sichtbar geworden ist und sich damit entfernt.)

Er hält zehn Pfund, des Neffen Lösegeld,
Das ich gespart, den Darbenden entzogen,
Vom Golde hoffend, was nur Gott vermag.
Verteil's den Armen, hilf damit den Kranken.
Es soll der Bischof nimmer Spargut sammeln;
Den Hirten setzt man um der Herde wegen,
Der Nutzen ist des Herrn. Leb wohl, mein Sohn!
Den Winzer ruft der Herr in seinen Garten,
Die Glocke tönt, und meine Schafe warten. (Ab.)

(Leon steht unbeweglich. Ein Pilger naht.)

Pilger (die Hand ausstreckend).
Ein armer Pilgersmann.

Leon.
Was ist? Wer bist du?

Pilger.
Ein armer Mann, von Kompostella Pilgernd
Zur Heimat weit.

Leon.
Wohin?

Pilger.
Ins Rheingau, lieber Herr.

Leon. Ins Rheingau?

Pilger.
Hinter Trier.

Leon.
Trier?

Pilger.
Noch zwei Meilen.

Leon.
Nach Trier?—Gott! Nimmst du mich mit, mein Freund?

Pilger.
Wenn Ihr nicht Wegeslast und Mangel scheut.

(Herr Sigrid ist mit dem Säckel gekommen; Leon nimmt ihn.)

Leon.
Ha, Mangel? Sieh den Säckel!—Aber halt!
Den Armen hat's der gute Herr beschieden,
Den Armen sei's. Hier, Freund, für dich ein Stück,
Arm bist du ja doch auch!
Das andre euch!

(Arme und Bresthafte, die sich am Gittertor gesammelt hatten, sind nach und nach eingetreten.)

Ich ziehe fort mit Gott und seinem Schirm.
(Er verteilt das Geld unter sie.)
Er wird vollenden, was mit ihm begonnen.
(Zum Pilger, der dem Gelde nachsieht.)
Du hast dein Teil. Nach Trier fort, mit Gott!
(Er zieht ihn fort.)

Zweiter Aufzug

Innerer Hof in Kattwalds Hause. Die rechte Seite schließt eine Lehmwand mit einem großen Tor. Links im Mittelgrunde eine Art Laube von Brettern, als Vorküche, deren Fortsetzung durch die Kulisse verdeckt ist. Im Hintergrunde, bis in die Mitte der Bühne hineinreichend, von einem Graben umgeben, die große Halle des Hauses, deren Fenster nach vorn gehen. Die Verbindung wird durch eine hölzerne Brücke hergestellt, die von der seitwärts angebrachten Tür der Halle an, parallel mit der Bühne laufend, durch eine Seitenabdachung sich nach vorn wendet.

Der Pilger und Leon kommen.

Pilger.
Nun seht denn, mein Versprechen ist erfüllt.
Wir sind im Hause Kattwalds, Graf im Rheingau.
Die Wand hier schließt sein inneres Gehöft,
Und jene Halle herbergt seine Gäste.
Geladne Gäste nämlich, denn, mein Freund,
Mit ungeladnen fährt er nicht gar sanft.
Ich sag Euch das voraus, daß Ihr Euch vorseht.

Leon.
Ich werde wohl. Habt Dank!
So hieß es: Kattwald,
Der Graf im Rheingau, da liegt er gefangen.

Pilger.
Ihr wart so munter auf der ganzen Reise,
Nun seid Ihr ernst.

Leon.
Man wird's wohl ab und zu!
Doch mahnt Ihr recht. Nur froher Mut vollbringt.
Leon, sei erst Leon. Und eins bedenke:
Weh dem, der lügt! So mindstens will's der Herr.
(Achselzuckend.)
Man wird ja sehn. Nun, Freund, zwei Worte noch!

Pilger.
Ein Wort auch noch zu Euch, so schwer mir's fällt.
Ich hab Euch her in dieses Haus geleitet,
Wich drum von meiner Straße weithin ab
Und muß zurück nun manche lange Meile.
Die Reisezehrung ist zu Ende.

Leon.
Recht!
Gerade davon wollt' ich sprechen.

Pilger.
Auch
Habt Ihr wohl selbst, da wir die Fahrt begannen,
Mir zugesichert—

Leon.
Reichliche Belohnung.

Pilger.
Und nun...

Leon.
Seh ich dir nachgerad nicht aus,
Als ob von Lohn gar viel zu holen wäre?

Pilger.
In Wahrheit fürcht ich...

Leon.
Fürchte nicht!
Geld oder Geldeswert, das ist dir gleich?

Pilger.
Ja wohl.

Leon.
Nun, Geld hab ich auch wirklich nicht;
Doch Ware, Ware, Freund.

Pilger.
Ei, etwa leichte?

Leon.
Nicht leichter als ein Mensch von unserm Schlag.
Kurz, einen Sklaven, Freund!

Pilger.
Wo wär' denn der?

Leon.
Ei, hier.

Pilger (sich rings umsehend).
Wo denn? Wir sind ja ganz allein.

Leon.
Das macht, der Sklav' ist eben unter uns.

Pilger (zurückweichend).
Ich bin ein freier Mann.

Leon.
Nu also denn!
Wir sind zu zwei. Ist einer nun der Sklave,
Und du bist's nicht, so kann nur ich es sein.

Pilger.
Ei, plumper Scherz!

Leon.
Der Scherz, so plump er ist,
Ist fein genug für etwas plumpe Leute.
Kurz, Freund, ich schenke mich als Sklaven dir,
Auf die Bedingung, daß du mich verkaufst,
Und zwar im Hause hier. Der Preis ist dein,
Und ist der Lohn, den damals ich versprochen.
(Er geht gegen das Haus zu.)
Heda, vom Haus! Herbei!

Pilger.
So hört doch nur!

Leon.
Niemand daheim?

Kattwald (im Innern des Hauses).
Hurra! Packan! Hallo!

Leon.
Die Antwort ist uns etwas unverständlich.
Kommt erst und seht!

Kattwald (auf der Brücke erscheinend).
Was also soll es?

Pilger.
Er ist toll.

Kattwald (herabkommend).
Und wer hat euch erlaubt?

Leon.
Ei was, erlaubt!
So was erlaubt sich selbst. Wen's schmerzt, der schreit.
Wer seid Ihr denn?

Kattwald.
Potz Blitz! und wer bist du?

Leon.
Und wer seid Ihr?

Kattwald.
Man wird dir Beine machen.
Ich bin Graf Kattwald.

Leon.
Kattwald? Eben recht.
Seht nur, an Euch will mich mein Herr verkaufen.

Kattwald.
An mich?

Leon.
Im Grund ist's lächerlich. Ja wohl!
Ein schmuckes Bursch aus fränkischem Geblüt,
Am Hof erzogen, von den feinsten Sitten,
Und den in ein Barbarennest verkauft,
Halb Stall, halb Gottes freier Himmel. Pah!
Doch ist's einmal beschlossen, und so bleibt's.

Kattwald.
Was hält mich ab, die Knechte 'rauszurufen
Und dich samt deinem Herrn mit Hieb und Stoß—?

Leon (zum Pilger).
Seht Ihr? nun bricht er los. Es geht nicht, fürcht ich.
Verkauft mich unter Menschen, doch nicht hier.

Kattwald.
Wer ist der tolle Bursch?

Pilger.
Je, Herr...

Leon.
Mit Gunst!
Ich bin sein Sklav', man hat mich ihm geschenkt,
Er will mich Euch verkaufen, das ist alles.

Kattwald.
Dich kaufen? Ei, du stählest wohl dein Brot.

Leon.
Wie Ihr's versteht! Ich schaffe selbst mein Brot
Und schaff's für andre auch.
(Zum Pilger.)
Erklärt ihm das,
Und wer ich bin, und meine Qualitäten.

Pilger.
Er ist ein Koch, berühmt in seinem Fach.

Kattwald.
So kannst du also kochen?

Leon (zum Pilger).
Hört Ihr wohl?
(Zu Kattwald.)
Ja, kochen, Herr. Doch nur für fränk'sche Gaumen,
Die einer Brühe Reiz zu schmecken wissen,
Die Zutat merken und die feine Würze.
Die, seht Ihr? so das Haupt zurückgebogen,
Das Aug' gen Himmel, halb den Mund geschlossen,
Die Luft gezogen schlurfend durch die Zähne,
Euch fort und fort den Nachgeschmack genießen,
Entzückt, verklärt.

Kattwald.
Ei je, das kann ich auch.

Leon.
Die rot Euch werden, wenn der Braten braun,
Und blaß, wenn er es nicht.

Kattwald.
Braun, braun, viel lieber braun.

Leon.
Doch, Herr, zu braun...

Kattwald.
So recht die Mitte.

Leon.
Die Euch vom Hirsch den schlanken Rücken wählen,
Das andre vor die Hunde.

Kattwald.
Ah, die Schenkel...

Leon.
Ich sag Euch: vor die Hunde. Doch was red ich?
Hier nährt man sich, der Franke nur kann essen.

Kattwald.
Ei, essen mag ich auch, und gern was Gutes.
Wie teuer haltet Ihr den Burschen da?

Leon.
Am Ende paß ich wirklich nicht für Euch.

Kattwald.
Du sollst gehalten sein nach Wunsch und Willen.

Leon.
Ein Künstler lebt und webt in seiner Kunst.

Kattwald.
Ei künstle zu, je mehr, um desto lieber.
Längst hätt' ich mir gewünscht 'nen fränk'schen Koch,
Man sagt ja Wunder, was sie tun und wirken.
Wie teuer ist der Mann? Und grade jetzt,
An meiner Tochter Hochzeittag; da zeige,
Was du vermagst. An Leuten soll's nicht fehlen,
Die vollauf würdigen, was du bereitet.
Wie teuer ist der Mann?

Leon.
Wenn Ihr versprecht,
Zu halten mich, nicht wie die andern Diener;
Als Hausgenoß, als Künstler.

Kattwald.
Je, ja doch.

Leon.
Euch zu enthalten alles rohen Wesens
In Worten, Werken.

Kattwald.
Bin ich denn ein Bär?
Wie teuer ist der Mann?

Leon.
Wenn Ihr...

Kattwald.
Zu tausend Donner!
Wie teuer ist der Mann? frag ich noch einmal.
Könnt' Ihr nicht reden, oder wollt Ihr nicht?

Pilger.
Je Herr...

Kattwald.
Nu, Herr?

Pilger.
Es ist...

Kattwald.
Nu was?

Pilger.
Ich dächte...

Kattwald.
Wenn Ihr den Preis nicht auf der Stelle nennt,
So hetz ich Euch mit Hunden vom Gehöfte.
Bin ich Eu'r Narr?

Pilger (gegen Leon).
Wenn ich denn reden soll.

Leon.
Ei, redet nur.

Pilger.
So mein ich: zwanzig Pfund.

Kattwald.
Edrita! Zwanzig Pfund aus meiner Truhe!

Leon.
Was fällt Euch ein? Um zwanzig Pfund? Ei, schämt Euch!
Ein Künstler, so wie ich.

Kattwald.
Was geht das dich an?

Leon.
Ich tu's wahrhaftig nicht. Ich geh mit Euch.

Kattwald.
Du bleibst.

Leon.
Nein, nicht um zwanzig Pfund. Macht dreißig!

Kattwald.
Ein Sklave, der sich selbst verkaufen will!

Leon.
Nicht unter dreißig.

Kattwald (zum Pilger).
Wir sind handelseins.

Leon.
Ich aber will nicht.

Kattwald.
Ei, man wird dich zwingen.

Leon.
Mich zwingen? Ihr? Wenn Ihr nicht dreißig zahlt,
Lauf ich beim ersten Anlaß Euch davon.

Kattwald.
Versuch es!

Leon.
Stürze mich vom höchsten Giebel.

Kattwald.
Man bindet dich.

Leon.
Versalz Euch alle Brühen.

Kattwald.
Halt ein, verwegner Bursch! Nu, fünfundzwanzig.
Mit fünfundzwanzig Pfund...

Leon.
Herr, dreißig, dreißig.
Es geht um meine Ehre.

Kattwald.
Sollt sie haben.
Geht in mein Haus, laßt Euch das Geld bezahlen.
Ich kann nicht mehr. Der Ärger bringt mich um.

Pilger.
So soll ich denn...?

Leon.
Geht hin, holt Euern Lohn!

Pilger.
Ihr aber bleibt?

Leon.
Ich bleibe hier, mit Gott.

Pilger.
Nun, er behüt' Euch, wie er Euch versteht.
(Pilger geht.)

Kattwald (der sich gesetzt hat).
Nun bist du mein, nun könnt' ich dir vergelten,
Was du gefrevelt erst mit keckem Wort.

Leon.
Wenn Ihr schon wollt, tut's bald; denn, wie gesagt,
Ich lauf davon.

Kattwald (aufspringend).
Daß dich! Und doch, 's ist töricht.
Schau, hier entkommst du nicht. Ich lache drob.
Weißt du, wie's einem Burschen jüngst erging,
Der uns entspringen wollte? einem von den Geiseln
Jenseits des Rheins.

Leon.
Ach, Herr!

Kattwald.
Man fing ihn wieder,
Und...

Leon.
Und?

Kattwald.
An einem Baumstamm festgebunden,
Ward seine Brust ein Ziel für unsre Pfeile.

Leon.
Ein Franke, Herr? Ein fränk'scher Geisel?

Kattwald.
Wohl.
Der Neffe...

Leon.
Neffe?

Kattwald.
Von des Königs Kämmrer
Klotar.

Leon (aufatmend).
Verzeih mir meine Sünde!
Ich kann nur sagen: Gott sei Dank!

Kattwald.
Doch bist du klug; du wirst es nicht versuchen.
Sieh nur, das weiß ich, sprich auch, was du willst.
Am Ende wirst du finden, daß dir's wohlgeht,
Und lust'ge Leute kennen ihren Vorteil,
Nur Grämlichen wird's ewig nirgends wohl.

Auch mag ich dir den kecken Ton erlauben,
Wenn wir allein sind; doch vor Leuten, Bursche…

Leon.
Husch, husch!

Kattwald (zusammenfahrend).
Was ist?

Leon.
Dort lief ein Marder,
Gerad ins Hühnerhaus.

Kattwald.
Daß dich die Pest!
Nun hab ich's satt. Die Peitsche soll dich lehren.

Leon (singt).

Trifft die Peitsche den Koch,
So rächt er sich doch,
Mag die Peitsche auch kochen,
Solang er im Loch.

Kattwald.
Sing nicht!

(Leon pfeift die vorige Melodie.)

Und pfeif auch nicht!

Leon.
Was sonst denn?

Kattwald.
Reden.

Leon.
Nun also: Euer Drohen acht ich nicht.
Ihr könnt mich plagen; ei, ich plag Euch wieder.
Ihr laßt mich hungern, ich laß Euch desgleichen;
Denn Euer Magen ist mein Untertan,
Mein untergebner Knecht von heute an,
Wir stehn als Gleiche gleich uns gegenüber.
Drum laßt uns Frieden machen, wenn Ihr wollt.
Ich bleib bei Euch, solang es mir gefällt,
Bin Euer Koch, solang ich mag und will.
Mag ich nicht mehr, gefällt's mir fürder nicht,
So geh ich fort, und all Eu'r Drohn und Toben
Soll mich nicht halten, bringt mich nicht zurück.
Ist's Euch so recht, so gebt mir Eure Hand.

Kattwald.
Die Hand! Was glaubst du denn?

Leon.
Ihr fallt schon wieder
In Euern alten Ton. He, Knechte, ho!
Kommt her und bindet mich! Bringt Stricke, Pflöcke!
Sonst geh ich fort, fast eh' ich dagewesen.
He, holla, ho!

Kattwald.
So schweig nur, toller Bursch!
Hier hast du meine Hand, auf daß du bleibst...

Leon.
Und fortgeh, wenn...

Kattwald.
Du kannst. Und wenn du willst,
Setz ich hinzu und weiß wohl, was ich sage.
Besorgst du mir den Tisch, wie ich es mag,
So soll dir Kattwalds Haus wohl noch gefallen.
Und nun geh an dein Amt und zeig mir Proben
Von dem, was du vermagst.

Leon.
Wo ist die Küche?

Kattwald.
Nun, dort.

Leon.
Das Hundeställchen? Ei, Gott walt's!
Das hat nicht Raum, nicht Fug, nicht Schick.

Kattwald.
Nu, nu!
Begnüg dich nur für jetzt, man wird ja sehn.
Was gibst du heute mittags?

Leon.
Heute mittags?
(Ihn verächtlich messend.)
Rehbraten etwa.

Kattwald.
Gut.

Leon.
Gedämpftes. Aber nein.

Kattwald (eifrig).
Warum nicht?

Leon.
Ihr müßt erst essen lernen,
Erst nach und nach den Gaum, die Zunge bilden,
Bis Ihr des Bessern wert seid meiner Kunst.
Für heute bleibt's beim Braten, und aufs höchste—
Wir wollen sehn.

Kattwald.
Nun sieh nur, sieh!

Leon (rufend).
Nun Holz
Und Fett und Mehl und Würze! Tragt zusammen,
Was Hof und Haus vermag. He, Knechte, Mägde!

(Diener sind gekommen.)

Du feg den Estrich! Du bring Holz herbei!
Ist das Gerät? Habt Ihr nicht schärfte Messer?
Das Fleisch mag angehn. Pfui, was trockne Rüben!
(Er wirft sie weit weg.)
Der Pfeffer stumpf.
(Er schüttet ihn auf den Boden.)
Was knaupelst du da 'rum?
Du Tölpel, willst du gehn?
(Er jagt ihn mit einem Fußtritt aus der Küche.)
Verfluchtes Volk!
(Er nimmt einem die Schürze und bindet sie um.)
Hat man nicht seine Not mit all den Tieren?

Edrita (kommt).
Was ist denn hier für Lärm?

Kattwald.
Pst, pst! Der neue Koch.

Edrita.
Für den Ihr so viel Geld...?

Kattwald.
Ja wohl. Sei still!
Er weist uns sonst noch beide vor die Tür.

Edrita.
Doch wer erlaubt ihm, so zu lärmen?

Kattwald.
Je!
Ein Künstler, Kind! Ein großer Mann, dem's rappelt.
Man muß das Volk wohl dulden, will man's brauchen.
Ich schleiche fort; bleib du mal da und schau,
Ob du was absehn kannst. Doch stör ihn nicht.
Hörst du? Nur still! Und mittags in der Halle.
(Er geht.)

(**Leon** beschäftigt sich in der Küche. Edrita steht entfernt und sieht ihm zu.)

Leon (singt).

Den Wein, den mag ich herb,
Der Tüchtige sei derb.

(Sprechend.)
Pfui Süßes! Hol' der Teufel das Süße!

Edrita.
Ein schmuckes Bursch; doch vorlaut, wie es scheint.
Ich will mir ihn ein wenig nur betrachten.

Leon (singt).

Der Reiter reitet ho, ho!
Da ruft sie vom Fenster he, he!
Er aber lächelt ha, ha!
Bist du da?

(Sprechend.)
Nun freilich da, wo sollt' ich auch sonst sein?

Edrita.
Bemerkt er mich in Wahrheit nicht, wie, oder
Stellt er sich an? Ich will nur zu ihm sprechen.
He, guter Freund!

Leon (ohne aufzusehen).
He, gute Freundin. Ei,
Ich mag die guten Freundinnen wohl leiden!

Edrita.
Was macht Ihr da?

Leon (der Fleisch auslöst, ohne aufzusehen).
Ihr seht, ich spalte Holz.

Edrita (sich zurückziehend).
Nun, das war grob.

Leon (singt).

Wer Augen hat, ohne zu sehn,
Wer Ohren hat und nicht hört,

Ist Ohren, beim Teufel,
und Augen nicht wert.

Edrita.
Ich sah wohl, was Ihr tut, doch sah ich auch,
Daß Ihr das Gut verderbt, das Ihr bereitet,
Und darum fragt' ich Euch. Seht einmal selbst!
Ihr schneidet ab die besten Stücke. Hier!

(Sie hat hinweisend den Finger dem Hackbrette genähert. Leon schlägt mit dem Messer stärker auf. Sie zieht schreiend den Finger zurück.)

Ei Gott! das ist ein grober Bursch. Bewahr'!
Nun sprech ich nicht mehr, gält' es noch so viel.

Leon.
Es geht nicht! Nur daheim ist Arbeit Lust,
Hier wird sie Frone. Da lieg du und du!
(Er legt Messer und Schürze weg.)
Sie mögen zusehn, wie sie heut sich nähren.
Ich will mal eins spazierengehn.—Ja dort,
Dort geht der Weg ins Freie. Laßt doch sehn!

Edrita.
Das wird dir schlimm bekommen, grober Mensch!
Denn kaum im Freien, packen dich die Knechte
Und führen dich mit manchem Schlag zurück.

Leon.
Ja so! Ihr fürchtet, daß man sich verkühle.
Die freie Luft ist ungesund. Recht gut!
So laß denn du uns miteinander plaudern.
Ein feines Mädchen! Je, mein gutes Kind,
Kann man dir nahen, ohne viel zu wagen?

Edrita.
Wie meinst du das?

Leon.
Je, trifft man ein Geschöpf
Von einer neuen, niegesehnen Gattung,
So forscht man wohl, ob es nicht kneipt, nicht sticht,
Nicht kratzt, nicht beißt; zum mind'sten will's die Klugheit.

Edrita.
So hältst du uns für Tiere?

Leon.
Ei bewahre!
Ihr seid ein wackres Völkchen. Doch verzeih!
Vom Tier zum Menschen sind der Stufen viele.

Edrita.
Armseliger!

Leon.
Sieh, Mädchen, du gefällst mir!
Das läßt sich bilden, ich verzweifle nicht.

Edrita.
Weißt du auch, wer ich bin?

Leon.
Ja doch, ein Mädchen.

Edrita.
Und deines Herrn, des Grafen Kattwald, Tochter.

Leon.
Ei, liebes Kind, da bist du nicht gar viel.
Ein fränk'scher Bauer tauschte wahrlich nicht

Mit Eures Herren Herrn. Denn unter uns:
Ein Mensch ist um so mehr, je mehr er Mensch.
(Mit einem Blick auf die Umgebung.)
Und hier herum mahnt's ziemlich an die Krippe.
Doch bist du hübsch, und Schönheit war und ist
So Adelsbrief als Doktorhut den Weibern.
Drum laß uns Freunde sein!
(Er will sie umfassen.)

Edrita.
Verwegener!
Man rühmt die feinen Sitten deines Volks,
Du aber bist entartet und gemein.
Was sahst du wohl an mir, was sprach, was tat ich,
Das dich zu solcher Dreistigkeit berechtigt?
Und wenn denn auch...

Leon.
Mein Kind, wohl gar ein Tränchen?
Hörst du? Das Köpfchen hübsch zu mir gewandt!
Ich bitte dich: verzeih! Bist nun zufrieden?

Edrita.
Wohlan, ich bin's. Ich mag nicht gerne grollen.
Auch nahm ich es wohl minder schmerzlich auf,
Ja, wies den Kühnen früher schon zurück,
Wenn du mir nicht gefielst, fürwahr gleich anfangs.
Sie sprechen viel von Euern fränk'schen Leuten,
Von ihren Sitten, Künsten; und der erste nun,
Auf den ich stieß, so ungeschlacht und roh...

Leon.
Verzeih! noch einmal, und: ich tu's nicht wieder.

Wir haben unsre Weise nun erkannt
In Zukunft soll kein Zank uns mehr betrüben.

Edrita.
In Zukunft? Ja, was nennst du Zukunft denn?
Mein Bräutigam ist hier, und morgen schon
Gibt man ihm meine Hand drin in der Halle.
Dann noch zwei Tage höchstens oder drei,
Und wir ziehn fort auf seine ferne Hube.

Leon.
So bist du Braut? Je sieh, das tut mir leid.
Wer ist dein Bräutigam? Wie heißt, was treibt er?

Edrita.
Ich nenn ihn nur den dummen Galomir.

Leon.
Den dummen Galomir? O weh!

Edrita.
Ja wohl!
Doch ist er unser nächster Stammverwandter,
Und so gebührt ihm meine Hand.

Leon.
Je freilich!
Und was die Klugheit, die ihm fehlt, betrifft:
Mein Kind, die dummen Männer sind die besten.

Edrita.
So dacht' ich auch.

Leon.
Sie lassen sich was bieten.

Edrita.
Und fordern alles nicht nach ihrem Kopf.
Doch siehst du, manchmal, wenn auch nicht so oft,
Spricht man doch gern einmal ein kluges Wort.

Leon.
Kommt dir die Lust, ein kluges Wort zu sprechen,
So geh in Wald hinaus und sag's den Bäumen,
Dann kehr erleichtert in dein Haus zurück.
Denn was dir selber nützt, taugt nicht für viele.
Was vielen frommt, das wächst mit Gras und Kraut.

Edrita.
Ganz faß ich's nicht, doch will ich's also halten.
Nur freilich wünscht man Antwort, wenn man spricht.

Leon.
Das findet sich, eh man's gedacht. Doch nun
Laß uns den Tag benützen, der uns bleibt.
Führ mich ins Feld hinaus, zeig mir die Gegend.
Auch möcht ich, wie's erfordert mein Geschäft,
Nach Wurzeln etwa suchen, Würze, Kräutern.
O Atalus!

Edrita.
Wie sagst du?

Leon.
Atalus.

Edrita.
Ist das ein Kräutlein auch?

Leon.
Wie du's nun nimmst.

Edrita.
Ein nährendes?

Leon.
Mir nährt es Herz und Sinn.
Doch will ich dich nicht eben nur betrügen.
Der Name eines Freunds ist's, den ich suche.
Du lachst?

Edrita.
Ei, eines Atalus gedenk ich,
Der hier bei uns.

Leon.
Ein Franke?

Edrita.
Ja, vom Rhein.

Leon.
Der Neffe?

Edrita.
Sieh, ich weiß nicht, was er ist,
Doch liegt er hier als Geisel unsrer Herrn.
Das ist ein trockner Bursch und gut zu necken.
Wenn du versprichst, recht fromm zu sein und artig,
Und etwa zu entfliehen nicht versuchst...

Leon.
Sorgst du um mich?

Edrita.
Denk nur, das viele Geld,
Das kurz nur erst für dich der Vater gab.

Leon.
Ei, geizig, wie die Weiber alle sind!

Edrita.
Doch weißt du ja, unmöglich ist die Flucht.
Ich nehme denn das Körbchen, und du folg.

Leon.
Doch naht dort jemand.

Edrita.
Ei, wer immer!

Galomir (der auf der Brücke erscheint).
Eh!

Edrita.
Was kümmerst du mich, dummer Galomir!

Galomir (poltert die Brücke hinan, ins Haus zurück).

Edrita.
Ei, sag's dem Vater nur, mich stört das wenig.
Nun komm, eh' man uns hindert. Folg mir rasch,
Ich zeige dir den Garten und die Gegend.
Dann unsern Atalus, der auch, wer weiß?
Der deine wohl. Zum mindsten ist's ein Landsmann,
Des Anblick dich entschädigt für den unsern.
Verstell dich nicht, so ist's. Willst du, so komm!
(Sie geht gegen das Tor zu.)

Leon.
Das geht ja rascher, als ich dacht' und hoffte.
Der Himmel, scheint's, kürzt ab mir mein Geschäft.
Ich nehm es dankbar an. Sieh nur, hier bin ich!

(Er folgt ihr. Beide gehen ab.)

Kurze Gegend, mit Bäumen besetzt.

Der Schaffer kommt, vor ihm her Atalus.

Schaffer.
Bist du schon wieder müßig, wie du pflegst?
Dort gehn die Pferde weiden. Hier dein Platz.
Und wenn sich eins verliert, so wär' dir besser,
Du hättst dich selbst verloren, als das Tier.

(Atalus setzt sich im Vorgrunde rechts auf die Erde. Der Schaffer geht. Nachdem dieser fort ist.)

Atalus.
Geh nur, du grober Bauer, geh! Ich wollt',
Vergiften könnt' ich sie mit einem Blick.
(Er schnitzt an einem Stock.)
Hab ich den derben Stock erst zugeschnitzt,
Dann nah' mir einer nur.
Verwünschtes Volk!
Und auch das grobe Hemd kratzt mir die Haut,
Und nichts als Brot und grüne Kost zur Nahrung.
Wär' ich erst wieder heim bei meinem Ohm!

Der denkt nicht mein und läßt sich's wohl ergehn,
Indes ich hier bei diesen Heiden schmachte.

(Edrita und Leon kommen.)

Edrita (Kräuter pflückend).
Sich, hier ist Salbei, blaues Kerbelkraut.
Und dort dein Landsmann, schau nur, Atalus.
Der brummt in seinen Bart und schwingt den Stock,
Damit vermeint er, all uns zu erschlagen.
Ei, Gott zum Gruß, mein hochgestrenger Herr!
Das ärgert ihn.—Verweile hier ein wenig!
Ich will zum Garten noch des Schaffers gehn;
Dort wächst am Zaune schöner Majoran,
Davon stibitz ich etwa dir ein Händchen.
(Sie setzt das Körbchen nieder.)
Bleib nur indes!

Leon.
Ja wohl.

Edrita.
Bald komm ich wieder.
(Sie geht.)

(Leon setzt sich links im Vorgrunde auf den Boden nieder und legt den Inhalt des Körbchens aus.)

Leon.
Das hier ist Kraut und das gesprengter Kohl...
He, Atalus!

Atalus (gerade über sich blickend).
Ruft's da?

Leon.
Hier gelbe Möhren...
Eu'r Oheim sendet mich.

Atalus.
Wie nur? Mein Ohm?

Leon.
Bleibt dort und schweigt! Man darf uns nicht gewahren.

Atalus (aufstehend).
Du sprachst von meinem Ohm.

Leon.
Dort Euer Platz!

Atalus.
Er selbst...

Leon.
Wenn Ihr nicht bleibt, so geh denn ich.
(Er steht auf und entfernt sich nach dem Hintergrunde.)

Atalus (der sich wieder gesetzt hat).
Das ist denn auch so einer wie die andern!
Sie necken mich und haben ihre Lust.
Dem Mädchen, nun, dem steht's noch artig an;
Doch diese groben Bursche... Gottes Wort!
(Mit seinem Stock auf den Boden schlagend.)
Ich wollt', ein Streich genügte für sie alle.

Leon (wieder nach vorn kommend und sich setzend).
Noch einmal, Atalus, bleibt still und hört.
Eu'r Oheim sendet mich, Euch zu erretten.

Atalus.
Wie fingst du das nur an?

Leon.
Mit Gott gelingt's.
Schon fand den Eingang ich in dies Gehöft.
Ich bin hier Koch.

Atalus.
Da bist du schon was Rechts!

Leon.
Ist alles gut doch, was zum Ziele führt.
Der Herr des Hauses ist mir hold gesinnt,
Ich will erbitten Euch mir zum Gehilfen.

Atalus.
Mich zum Gehilfen? In der Küche?

Leon.
Wohl!

Atalus.
Da such du einen andern nur als mich.

Leon.
Und wenn Ihr sonst gefangen bleibt, wie dann?

Atalus.
Weit lieber hier gefangen oder sonst,
Als also schänden meiner Väter Namen.

(Der Schaffer geht im Hintergrunde beobachtend vorüber.)

Leon (im Korbe kramend).
Hier Sellerie und das hier Pastinak.
Die Zwiebel beißt. Zu wenig von der Kresse.

(Der Schaffer geht ab.)

Leon.
Gält' es nur Euch, so wär' ich nun am Ende.
Doch Euer Oheim will's, und, junger Herr,
Da werdet Ihr wohl müssen.

Atalus.
Müssen, ich?

Leon.
Ja, Herr! und huckpack trag ich Euch hinüber,
Wenn Ihr Euch sträubt.

Atalus.
Ei, wag's nur, grober Bauer!

(Edrita kommt.)

Edrita.
Hier hast du noch. Nun ist's wohl denn genug?
(Sie schüttet Kräuter aus ihrer Schürze in den Korb.)
Und sprachst du auch zu deinem Landsmann dort?
Das ist ein wunderlicher Bursch, nicht wahr?

Atalus (aufstehend).
Sprächt Ihr mit mir, Euch stünd' ich etwa Rede;
Doch jener dort ist albern und gemein.

Edrita.
Ei, klüger wohl als du.

Atalus.
Ja, überhaupt
Tut Ihr nicht gut, mich also zu verschmähn.
Kehr ich einst heim, wer weiß? ich nähm' Euch mit.

Edrita.
Du reichtest wohl die Hand mir gar?

Atalus.
Vielleicht.

Edrita.
Ei sieh!

Atalus.
Vorausgesetzt, der König, unser Herr,
Erkennt' Eu'r Haus zu fränk'schem Helm und Schild.

Edrita.
Dann aber meinst du?

Atalus.
Dann, o ja!

Edrita.
O nein!
Der hier gefällt mir, weil er leicht und froh,
Du aber bist beschwerlich und zur Last.

Leon.
Er soll in meine Küch'.

Atalus.
So wiederholst du's?

Leon.
Mir als Gehilf'.

Edrita.
Er ist wohl ungeschickt.

Leon.
Wenn auch! Er ist ein Frank' und läßt sich bilden.

Atalus.
Ich aber will nicht, sag ich noch einmal.
Die Pferde hüt ich endlich, weil ich muß,
Und weil's ein edles, ritterliches Tier.
Doch in der Küche? Eher hier am Platz
Laß ich mein Leben, gliederweis zerstückt.
(Er hat den Stock ergriffen.)

(Kattwald und Galomir kommen.)

Kattwald.
Die streiten, ho!

(Da Galomir mit einer heftigen Bewegung nach der Gruppe hinweist.)

Nun ja, ich sehe schon.
Was treibt ihr hier?

Edrita.
Wir suchten Küchenkräuter.
Hier dieser kennt sie, und ich pflückte sie.

Leon.
Auch dacht' ich, 'nen Gehilfen mir zu dingen,
Hier, da mein Landsmann stand mir eben an;
Allein er will nicht.

Atalus.
Nein.

Kattwald.
Nur eben nein?
Du willst nicht, so? und all dein Grund ist: nein?
Ich aber sage dir: wenn er in meinem Namen
Dich folgen heißt, so folgst du ohne Nein;
Sonst dürften meine Knecht' an dir versuchen,
Ob fest das Eisen noch an Beil und Spieß.

Edrita.
Nun stehst du da und weißt nicht, was du sollst,
Und mußt gehorchen doch. Ich wußt' es ja.

Kattwald.
Merk wohl: wenn er dir's heißt in meinem Namen;
Doch vorderhand bleibst du hier außen noch.
(Zu Leon.)
Mein Freund, du schnüffelst mir zuviel herum
Und spionierst, merk ich, nach allen Seiten.
Du suchst wohl den Genossen nur der Flucht.

Leon.
Erraten, Herr! Zu zweien läuft sich's besser.

Kattwald.
Nun denn! du hast mich scherzhaft nur gesehn,
Da duld und geb ich wohl ein lustig Wort.
Doch preß ich meine Finger in den Mund
Und ruf mein Schlachtgeschrei, dann, guter Freund,
Setzt's Blut.

Edrita.
Du, das ist wahr.

Leon.
Ich zweifle nicht.
Blut auch bei mir, von Hühnern, Tauben, Enten,
Von allem, was nicht beißt und fromm sich fügt.
(Er fängt an, das Grünzeug aus dem Korbe zu werfen.)

Kattwald (eifrig).
Was machst du da?

Leon.
Was soll das viele Zeug?
Ist niemand hier doch, der's zur Küche trägt.

Kattwald.
Nimm du den Korb und geh!

Leon.
Ei, in der Tat?
Bin ich als Träger denn in Euerm Dienst?

Edrita.
Laß mich...

Leon.
Wärt Ihr bemüht an meiner Statt?

Kattwald.
Am Ende soll ich selbst...?

Leon.
Wer's tut, mir gleich.

Kattwald (umherblickend).
Da hilft denn wirklich nur ein tücht'ger Stock.

Atalus (auf seinen Knüttel gelehnt, vergnügt vor sich hin).
Bricht's einmal los? Er ist auch gar zu frech.

Kattwald (zu Atalus).
Zu frech? Und du zu albern, leerer Bursch!
Wer etwas kann, dem sieht man etwas nach,
Das Ungeschick an sich ist schon ein Ungemach.
Du nimmst den Korb und gehst und dienst ihm hilflich,
Und führt er Klag', gedenk an meinen Arm.
Für ihn wird sich wohl auch der Meister finden.
Du widersprichst?

Edrita.
Er sagt ja nicht ein Wort.

Kattwald.
Nun denn, hierher! und fort!
(Zu Galomir.)
Mach ihnen Beine!

(Da dieser mit hastiger Übertreibung das Schwert ziehen will.)

Oho! Du spießest etwa mir den Koch
Und brätst ihn endlich gar! Brauch deine Hände!

Leon (zu Edrita).
Indes sie hier sich liebenswürdig machen,
So machen wir uns fort. Nicht So?

Edrita.
Mir recht!

Leon.
Und wer am besten läuft, erhält... Nun was?

Edrita.
Nun nichts!

(Sie laufen Hand in Hand fort.)

Kattwald.
Holla, das läuft! Die sind schon sehr bekannt!
Und was denkst du dazu, mein armer Galomir?

Galomir.
Ich?

Kattwald.
Nun, ich weiß, du denkst nicht gar zuviel.
Doch sei getrost! Nur noch ein Tage zwei,
So ist sie deine Frau, und ihr zieht fort.
Da nimmst du diesen Burschen etwa mit,
(auf Atalus zeigend)
Und macht der andre hier sich gar zu unnütz,
So tun wir ihm, wie er den Hühnern tut,
Und schlachten ihn mal ab. Für jetzt, Geduld!
Zum Festschmaus ist er uns ja doch vonnöten.
(Zu Atalus.)
Du dort, voran!
Uns laß nur immer heim,
Die Gäste fanden etwa auch sich ein.
(Gehend, dann stehenbleibend.)
Mir wässert schon der Mund nach leckern Bissen!

(Indem Atalus, den Korb in der Linken tragend und den Stock auf der rechten Schulter, widerwillig vorausgeht und die beiden folgen, fällt der Vorhang.)

Dritter Aufzug

Vorhof in Kattwalds Hause wie im zweiten Akte. Die Halle ist erleuchtet, und man sieht Gäste an einem langen Tische sitzen. Im Vorgrunde Leon beschäftigt. Atalus vor der Küche auf einem Steine sitzend und mit seinem Stocke spielend.

Leon (einem Knechte einen großen Braten reichend).
Trag nur hinauf und sag, es sei das letzte.
Sie mögen ihre Lust am Weine büßen.

(Knecht über die Brücke in die Halle.)

Leon (nachdem er Atalus eine Weile betrachtet).
Nun habt Ihr überlegt?

Atalus.
Was nur?

Leon.
Was ich Euch sagte.

Atalus.
Was sagtest du mir denn?

Leon.
Du meine Zeit!

Das hält auch gar zu schwer. So hört denn zu.
Warum ich Euch hierher gebracht, Ihr wißt's.
Der alte Werwolf aber schöpft Verdacht.
Ich hört' ihn sagen, zieh' die Tochter fort,
Wollt' er mit ihr Euch senden, weit ins Land.

Atalus.
Das wär' mir eben recht.

Leon.
So? In der Tat!

Atalus.
Das Mädchen ist gar hübsch.

Leon.
Das merkt' ich auch.

Atalus.
Sie will mir wohl.

Leon.
Das merkt' ich nicht.

Atalus.
Seit lange.

Leon.
Doch schien es mir, als lacht' sie über Euch.

Atalus (aufstehend).
Mein Ohm hat mich den Studien bestimmt,
Deshalb verkehrt' ich wenig nur mit Weibern,
Doch sagt man: was sich neckt, das liebt sich auch.

Leon.
Doch Necken und Verlachen, Herr, sind zwei.

Atalus.
Ich glaub es nun einmal.

Leon.
Ei, immer denn!
Doch zieht mit der Euch liebenden Geliebten
Ihr weiter fort ins Land, wie steht's dann, Herr,
Mit Eures Oheims Wunsch und unsrer Flucht?

Atalus.
Da hast du wieder recht.

Leon.
So hört denn weiter.

(Geschrei und Lärm von zusammengestoßenen Bechern im Hause.)

Leon (nach rückwärts).
Nur zu! nur zu! Das paßt in meinen Plan!
Mein Anschlag ging zuerst ins Ferne, Weite,
Nach Wochen dacht' ich möglich erst die Flucht.
Doch trennt man uns, welkt alle Hoffnung hin.
Auch ist Gelegenheit ein launisch buhlend Weib,
Die nicht zum zweiten Male wiederkehrt,
Fand sie beim erstenmal die Tür verschlossen.
Nun hoff ich, daß der Wein, die fremden Speisen,
Die ich zumal gepfeffert und gewürzt,
Daß sie zum Trunk, wie Sommerwärme, laden;
Davon hoff ich die Herren so bewältigt...
Die Diener ahmten treulich ihnen nach.
(Auf die große Pforte zeigend.)

Seht Ihr den Schlüssel dort in jenem Schloß?
Vergißt man den, wenn's Abend, abzuziehn,
Ist frei der Weg, und... halt noch! Geht zur Seite!

(Sie treten auseinander. Ein Diener kommt schwerfälligen Ganges, ein Lied mißtönig vor sich hinbrummend. Er geht zur Pforte, schließt sie ab und zieht dann den Schlüssel aus. Leon macht eine Bewegung gegen ihn, tritt aber gleich wieder zurück. Der Diener geht über die Zugbrücke ins Haus.)

Atalus (lachend).
Ha, ha! Damit ging's schief.

Leon.
Freut Ihr Euch drüber?

Atalus. 's ist nur, weil du für gar so klug dich hältst.

Leon.
Ob klug, ob nicht, das soll die Folge lehren.
Den Schlüssel schaff ich wieder, drauf mein Wort.
Ich hab erkundigt, daß er nachts im Zimmer
Des Alten hängt, zu Häupten seines Betts;
Dort holt man ihn, tun Wein und Schlaf das ihre.

(Neuer Lärm in der Halle.)

Hört Ihr? Doch klingt's schon schwächer. Sie sind matt.
Was heut getan, ersparst du dir für morgen,
Ein Helfer wie dies Fest kommt nicht im Jahr.
Auch ist der Weg mir, den ich hergemacht,
Teils noch bekannt, teils stellt' ich Zeichen,
Die längre Zeit verwirret und verwischt,
So daß der Anschlag heut, wie nie, gelingt.

Kommt dann der Tag, und sind sie spät erwacht,
So sichert uns der Vorsprung, will es Gott.
(Die Lichter in der Halle sind nach und nach verlöscht.)
Seht, es wird dunkel oben in der Halle,
Bald haben Wein und Schlaf ihr Amt vollbracht.

Doch wird man unsre Flucht vor Tag gewahr,
So ist noch eins zu tun. Seht dort die Brücke,
So roh wie alles hier und schlecht gefügt,
Mit Pflöcken eingerammt die Tragepfähle.
Gräbt nun ein Mann der Pfeiler einen ab,
So stürzt die Brücke, wenn man sie betritt,
Und der Verfolger liegt im sumpf'gen Graben.
Das sichert uns vor jenen drin im Haus;
Und auch die Knechte werden früher eilen,
Zu ziehen den Gestürzten aus dem Grund,
Als daß sie uns verfolgen, die wir fliehen.
Bis man den Zugang herstellt, sind wir weit.
So ist nun zwei zu tun, doch sind wir zwei:
Der eine schleicht ins Haus, indes der andre
Die Stützen losgräbt, wie ich Euch gesagt,
Wozu hier das Gerät schon in Bereitschaft.

Atalus.
Ich dring ins Haus.

Leon.
Ei wahrlich! in der Tat!

Atalus.
Hätt' ich ein Schwert, der Schlüssel wäre mein.

Leon.
Hätt' ich, so würd' ich!—Possen! Wenn und Aber

Sind, wie das Sprichwort sagt, der Pferde schlechtster Haber.
Ich will Euch nicht bestreiten andre Gaben,
Doch schlauer, Herr, bin ich. Ich schleich ins Haus.
Ihr mögt indes nach Lust im Boden wühlen.

Atalus.
So fällt das Schwerste immer denn auf mich?

Leon.
So nennt Ihr das das Schwerste? in der Tat!

Atalus (Spaten und Haue mit dem Fuße wegstoßend).
Nicht rühr ich an dies niedrige Gerät.
Ich bin der Beßre, darum muß das Kühnre
Mir anvertraut sein, mir! Ich dring ins Haus.

Leon.
Und wenn Euch einer in den Gängen trifft?

Atalus.
So pack ich ihn am Hals...

Leon.
Und er schreit Zeter.
Herr, kämpft mit Löwen, aber Vögel fangen,
Das laßt nur mir. Es sei, wie ich gesagt.
Mir hat's Eu'r Ohm vertraut, ich steh ihm ein,
Drum muß es gehn nach meinen klaren Sinnen.
Sonst send ich Euch zu Euern Pferden wieder,
Da mögt Ihr denn an Euerm Unmut kaun,
Indes ich selbst die raschen Beine brauche.
Was sie für mich bezahlt, ist dann wohl wett
Durch manchen Dienst, den etwa ich geleistet.
Eu'r Oheim harret Eurer—hört Ihr wohl?

Leis mit den Abendwinden, deucht mich, dringt
Zu uns her sein Gebet, das schützt, das sichert,
Und Engel mit den breiten Schwingen werden
Um uns sich lagern, wo wir wandelnd gehn.
Ich möcht Euch schmeicheln, wie man Kindern schmeichelt.
Glaubt, Graben ist ein adelig Geschäft!
Was Ihr auch Großes wirkt und Großes fördert,
Der Euch einst eingräbt, er besiegt doch alles,
Was in Euch siegt und wirkt und prangt und trachtet.
Hier ist der Spaten, tragt ihn wie ein Schwert,
Und hier die Haue—doch noch nicht, noch jetzt nicht.

(Edrita erscheint auf der Brücke.)

Edrita.
Seid Ihr noch wach?

Leon.
Wir sind's.

Edrita.
So geht zur Ruh'!

Leon.
Wir werden's.

Edrita.
Habt ihr euch nun satt geplaudert?

Leon.
Man ist nicht satt, solang noch Hunger bleibt.

Edrita.
Wenn's euch erfreut, mir recht. Ich geh nun schlafen.

Leon.
Und schließest du dort oben wohl die Tür?

Edrita.
Das ist des Vaters abendlich Geschäft,
Der selbst vor Schlafengehn die Runde hält.
Doch heute, denk ich, unterläßt er's wohl.
Er hat des Weins zuviel in sich gegossen
Und liegt nun schon und schläft. Da mag er sehn.
Ich tu nur, was mein eignes Amt. Nicht wahr?

Leon.
Das sollte jeder tun.

Edrita.
So geh denn schlafen.
Das ist zu Nacht der Müden süße Pflicht.
Und Träume wachen auf, so wie wir schlafen.
Wirst du auch träumen heut?

Leon.
Weiß ich's?

Edrita.
Ich weiß.
Fast schlummr' ich schon. Gut' Nacht!

Leon.
Schlaf wohl!

Edrita.
Ich will.
(Sie geht ins Haus.)

Leon (nachdem er ihr eine Weile nachgesehen).
Nun geht ans Werk mit Gott! Hier das Gerät,
Doch braucht es leise, daß das Ohr der Nacht
Nicht aufhorcht Eurem Ton. Vorsicht vor allem.
(Er hat ihn nach rückwärts geführt.)
Steigt in den Graben nur. Seht zu, hier geht's.
Die Füße setzend in des Abhangs Rasen
Gelangt Ihr leicht zum Grund, der seicht genug,
Zur Not erreichbar mit 'nem tücht'gen Sprung.

(Atalus ist in den Graben gestiegen.)

So geht's. Schon recht. Nun das Gerät.
(Er reicht ihm die Werkzeuge.)
Und jenen Pfeiler rechts dort grabt mir an,
Er scheint am losesten befestigt und verrammt.
Der Grund ist weich, es geht so leicht wie Essen.
(Nach vorn kommend.)
Nun will denn ich mich rüsten an mein Werk.
(Sich an den Hals fühlend.)
Sitzt denn der Kopf noch fest? Ja, noch zur Hand,
Doch für demnächst möcht ich darauf nicht borgen.
Ob ich sie schon mit derber Unverschämtheit
So sehr an jedes Äußerste gewöhnt,
Daß Scherz und Ernst in einem Topfe quirlt
Und die Beleid'gung zur Entschuld'gung wird.
Mut denn, **Leon**, es geht nicht gleich ans Leben.
(Halblaut singend.)
Es war einmal!
Ja so, es gilt zu schweigen.
Und dann, wenn's endlich wirklich nun gelingt
Und er, der gute alte Herr... Habt acht!

Es geht zum Sturm! Den Schild hoch! Doppelschritt!
(Er eilt die Brücke hinan, hinabsehend.)
So recht, mein Maulwurf, wühl dich in den Grund!
Doch laß ein Restchen Pflockes nur noch stehn,
Sonst droht beim Rückweg selber mir die Falle.

(Man hört unten einen lautern Schlag.)

Halt doch! zu laut! Doch leise nur auch ich.
(Er geht ins Haus.)

Atalus (unten).
Leon!
(Er wird sichtbar.)
Er ist schon fort! Der freche Bursch
Läßt mich hier fronen, während er—Geduld!
Er soll mir's seinerzeit mit Wucher zahlen.
(Er verschwindet wieder.)

Verwandlung

Kurzes Zimmer, an der Rückwand eine große bogenförmige Öffnung, daneben links eine kleinere. Beide durch Vorhänge geschlossen. Hart an der letztern eine Seitentüre.

Nach einer Pause guckt Leon durch den Vorhang des kleinen türförmigen
Ausschnittes.

Leon (gedämpft).
Hier ist das Zimmer, hab ich recht bemerkt,
Und dort der Raum, wo unser Werwolf ruht.
Schläft er?

(Er setzt einen Fuß ins Zimmer und tritt damit etwas stärker auf, wonach er sich sogleich wieder zurückzieht und verschwindet. Nach einer Weile wieder erscheinend.)

Er schläft. Insoweit wär' es gut!
Obgleich mit alledem noch nicht am besten.
Der Schlüssel hängt zu Häupten seines Betts.
Und liegt er gleich in Wein und Schlaf begraben,
So hat das Raubtier doch gar leisen Schlaf,
Wenn's selber wird beraubt.—Jetzt oder nie!
Ein rascher Griff, und alles ist getan.
Erwacht er auch, so hilft ein Lügenkniff.
Doch halt! das hat der alte Herr verboten,
Ob's töricht gleich, höchst albern, lächerlich!
Wie soll man mit den Teufeln fertig werden,
Hilft nicht ein Fund?—Wie immer! sei's gewagt!
(Er hat sich dem Vorhange genähert.)
Wer nur den Schlüssel fänd' beim ersten Griff...
(Horchend.)
Ich hör ihn atmen. Schnarchen, deucht' mich, heißt's.
Ist er so grob, was bin ich denn so sittig?
(Er geht hinter den Vorhang.)

(**Edrita** erscheint am Eingange der Mittelwand, den Finger auf dem Munde.
Sie tritt horchend einige Schritte vorwärts.)

Kattwalds Stimme (hinter dem Vorhange).
Holla. Hallo! Den Schlüssel da...

Leon (ebendort).
So hört!

Kattwald.
Den Schlüssel, sag ich, gib! Wo ist mein Schwert?
Ich haue dich in hunderttausend Stücke.

Leon.
Hört nur!

Kattwald.
Du höre, spricht mein Schwert.

(Edrita hat gleich bei den ersten Worten sich nach der Seitentüre links gewendet und in hastiger Eile den Schlüssel aus dem Schlosse gezogen. Jetzt tritt sie damit hinter den Vorhäng der Eingangstüre zurück.)

Leon (hervorkommend).
Nun stehe Gott uns bei! Fort den Verräter!
(Er schleudert den Schlüssel von sich nach der Gegend des Eingangs.)

Kattwald (mit bloßem Schwert ihm folgend).
Heraus mein Schwert! Wo ist der freche Dieb?

Leon (dem Schlüssel nachblickend).
Vielleicht kann ich ihn noch beim Gehn erhaschen.

Kattwald.
Wo ist der Schlüssel, wo?

Leon.
Ich hab ihn nicht.

Kattwald.
Du nahmst ihn.

Leon.
Ja, ich nahm ihn.

Kattwald.
Nun, und wo?

Leon.
Ich warf ihn, Herr, von mir.

Kattwald (zum Stoß ausholend).
So schaff ihn wieder.

Leon.
Man muß ihn eben suchen.
(Sucht auf der entgegengesetzten Seite.)

Kattwald.
Such!

Leon (am Boden suchend).
Hier ist er nicht.

Kattwald.
Ich aber will nicht wissen, wo er nicht,
Ich frage, wo er ist!

Leon (aufgerichtet).
Das frag ich auch.

Kattwald.
Such! sag ich.

Leon (wieder gebückt).
Wohl, ich suche.

Kattwald.
Frecher Bursch!
War das der kecke Spaß, die tolle Kühnheit,
Mit der du dich ins Haus...?

Leon.
Herr, hebt den Fuß!

Kattwald.
Wozu?

Leon (ihm einen Fuß emporhebend).
Hier!... ist er auch nicht.

Kattwald.
Donner!
So machst du dich noch lustig über mich?

Leon.
Man muß doch üb'rall suchen.

(**Edrita** ist während des Vorigen leise eingetreten, hat den Schlüssel vom Boden aufgenommen, den andern an dessen Stelle gelegt und sich leise wieder entfernt.)

Kattwald.
Nun wohlan!
Ich zähle: Eins, zwei, drei; und ist beim dritten
Der Diebesschlüssel nicht in meiner Hand,
Fährt dir mein Schwert in deine feisten Rippen.
Eins!

Leon.
Hört doch!

Kattwald.
Zwei!

Leon.
Ihr wollt doch nicht...?

Kattwald (zum Hieb ausholend).
Und...

Leon (schreiend).
Possen!
(Kaltblütig nach der entgegengesetzten Seite zeigend.)
Wir haben ja dort drüben nicht gesucht.
(Den Schlüssel aufhebend.)
Hier ist das Kleinod ja. Da liegt's am Boden.

Kattwald.
Es war die höchste Zeit. Dir ging's schon nah.

Leon.
Doch ist der Schlüssel leichter, oder wahrlich,
Mir zittert noch die Hand.

Kattwald.
Dort häng ihn hin.

Leon.
Es ist derselbe Schlüssel nicht.

Kattwald.
Dort, sag ich!

(Er hat den Vorhang nach einer Seite zurückgeschlagen. Man sieht ein Bette, daneben einen Schemel.)

Leon (zum Boden gebückt).
Man muß den andern suchen.

Kattwald.
Tausend Donner!
So narrst du mich von neuem? Dort der Platz!

Leon.
Doch wenn's der rechte nicht?

Kattwald.
Es ist der rechte,
Weil du's bezweifelst grad!

Leon.
Fast glaub ich's auch.
Liegt doch kein andrer rings herum am Boden.
(Zur Schlafstelle gehend.)
Hier häng ich ihn denn auf.
(Er tut's.)

Kattwald.
Wo? Zeig die Hände.

Leon.
Hier beide, sie sind leer.

(Der Alte befühlt die Hände.)

Kattwald.
Wohl.

Leon.
Dort der Schlüssel.

Kattwald (in die Höhe fühlend, wobei er aufs Bett zu sitzen kommt).
Auch gut.

Leon.
Nun liegt und schlaft nur aus den Rausch.

Kattwald.
Wie wäre das?

Leon.
Betrunken seid Ihr, ja!

Kattwald.
Heut schon ich dich.

Leon.
Weil Ihr mich morgen braucht.
Doch werf ich Gift in alle Eure Brühen.

Kattwald.
Du sollst von allen essen mir zuerst.

Leon.
So eß ich alle auf mit meinem Freund,
Der viel ein größrer Herr in unserm Land
Als Eure rost'gen Gäst' und Sippen alle.

Kattwald (will aufstehen, Leon stößt schnell den Schemel vor seine Füße, so daß er wieder hinsinkt). Verdammt.

Leon.
Geduld! Da braucht es schnellre Beine.
Und morgen denkt nur, Herr, Ihr habt geträumt,
Und alles das war nicht. Nun, gute Nacht!
(Zur Türe hinaus.)

Kattwald (sitzend).
Im Grund kann man dem Burschen gram nicht sein.
Er sagt grad alles 'raus und ist gar lustig.
Wär' ich an seiner Statt, ich macht's nicht anders.
Der Schlüssel wieder da und...
(Sein Kopf sinkt herab, auffahrend.)
Holla, Bursch!
Ja, er ist fort. Ich will von neuem schlafen.
Der Wein ist wirklich etwas schwer im Kopf.

(Er macht halbliegend mit der Schwertspitze den Vorhang los. Dieser fällt zu und bedeckt die Schlafstelle.)

Veränderung

Vorhof des Hauses wie zu Anfang des Aufzuges.

Leon (steht auf der Brücke).
He, Atalus! Ich glaube gar, er schläft.
(Herabkommend.)
Ei immerhin! Was nützt auch all sein Graben,
Jetzt, da mißlang, was möglich macht die Flucht.
(Horchend.)
Er gräbt! Oh, daß ich ihn gering geachtet,
Und er genügt dem Wen'gen, was ihm oblag,
Indes ich scheitre, wo ich mich vermaß.
(Nach rückwärts sprechend.)
Laßt ab! Und doch vorher noch erst versuchen,
Ob also fest gefügt das Tor, die Flügel,
Daß keine Wut, die Wut ob eignem Unsinn...

(Er hat sich dem Tore genähert, plötzlich zurücktretend.)
Du güt'ger Himmel! Täuschen, meine Augen?
Trügt mich die Nacht? Im Tore steckt ein Schlüssel.
Grabt immer, Atalus!—Es ist nicht möglich!
Wie käm' er hier, der nur erst kurz noch oben
Und doch blinkt er liebäugelnd mir herüber,
(hineilend)
Ich muß dich fassen... prüfen, ob...
(Den Schlüssel fassend und damit auf- und zuschließend.)
Er ist's!
Und Freiheit weht, wie Äther, durch die Fugen.
(Mit gefalteten Händen.)
So will der Himmel sichtbar seine Wege?
Stehn Engel um uns her, die uns beschirmen?

Edrita (die schon früher sichtbar geworden, jetzt vortretend).
Du irrst, kein Engel hilft, da wo der Mensch
Mit Trug und Falsch an seine Werke geht.

Leon.
Mit Trug und Falsch?

Edrita.
Du willst entfliehn.

Leon.
Ich hab es nie verhehlt.

Edrita.
Ei, ja, ja doch!
Und darum hältst du dich für wahr? Nicht so?
Hast du die Wahrheit immer auch gesprochen,
(die Hand aufs Herz legend)
Hier fühl ich dennoch, daß du mich getäuscht.
Drum hoffe nicht auf Gott bei deinem Tun,

Ich selber war's, die dir den Schlüssel brachte.
Du willst entfliehn?

Leon.
Ich will.

Edrita.
So, und warum?

Leon.
Frägst du, warum der Sklave sucht die Freiheit?

Edrita.
Es ging dir wohl bei uns.

Leon.
Dann ist noch eins.
Ich habe meinem frommen Herrn versprochen,
So fromm, daß, denk ich seiner Abschiedsworte,
Mit dem, was erst nur sprach dein Kindermund,
Ich in Beschämung meine Augen senke;
Versprochen hab ich ihm, den Neffen sein,
Dort jenen Atalus, zurückzubringen.
O kenntest du den heilig würd'gen Mann!

Edrita.
Mir sind nicht fremd die Heil'gen deines Volks.
Es wandern Christen-Priester wohl durchs Land,
Gewinnend ihrem Herrn verwandte Seelen,
Wofür sie Tod erdulden oft und Pein.
Sie lehren einen einz'gen Gott, und wahrlich,
(seine Hand berührend)
An was das Herz in gläub'ger Fülle hängt,
Ist einzig stets und eins. O fürchte nicht,

Daß, bleibst du hier, ich dich mit Neigung quäle.
Ich bin nicht, wie die Menschen oft wohl sind:
Ei, das ist schön! das soll nur mir gehören,
Und das ist gut! das eign' ich rasch mir zu.
Ich kann am Guten mich und Schönen freun,
Wie man genießt der Sonne goldnes Licht,
Das niemands ist und allen doch gehört.
Auch bin ich nicht mehr mein, noch eignen Rechts,
Obwohl ich schaudernd denke, wem ich eigne.
Es soll dir wohl ergehen, bleibst du hier.
Mein Vater ist nur hart im ersten Zorn,
Und jener andre... Nein, ich kann, ich mag nicht!
Bleib hier! das andre gibt der Tag, das Jahr.

Leon.
Wie aber stünd' es dann um meinen Freund?

Edrita.
Laß ihn allein der Rettung Wege gehn.

Leon.
Du kennst ihn, wie er ist, wie rat- und hilflos,
Er fiele den Verfolgern doch anheim.
Doch ist er erst befreit, dann...

Edrita.
Hüte dich!
Du wolltest sagen: dann kehr ich zurück.
Du kehrst nicht wieder, bist du fort erst.

Leon (nach ihrer Hand fassend).
Edrita!

Edrita.
Laß nur das! Kannst du mich missen,
Ich kann es auch. Und nun zu nöt'gern Dingen.
Wo ist dein Freund?

Leon.
Er gräbt dort an der Brücke.

Edrita.
Er gräbt?

Leon.
Der Pfeiler einen sticht er ab,
Daß ein sie bricht, wird irgend sie betreten.

Edrita (lachend).
Und der Verfolger in den Graben fällt?
Nun, das ist gut. Dort steht die Pforte offen.
Und doch. Sieh nur, wie Trug und Arglist sich bestraft.

Leon.
Wie nur?

Edrita.
Du glaubst dich Meister nun der Flucht,
Doch gehen weitum Wächter, rasche Knechte,
Die jeden töten, weiß er nicht das Wort,
Das nächtlich als ein Merkmal wird gegeben.
Das Wort heißt Arbogast. Merk dir's.

Leon.
Ja wohl.

Edrita.
Am Ufer dann des Flusses wohnt ein Fährmann,
Verschuldet meinem Vater und verpflichtet.
Den täusch nur, wenn's die Wahrheit dir erlaubt,
Daß du im Auftrag meines Vaters gehst,
Sag ihm auch: Arbogast. Er führt dich über.

(Im Graben geschieht ein stärkerer Schlag.)

Edrita.
Was ist nur dort?

Leon (hineilend).
Zum Henker! Warum lärmt Ihr?

Atalus (heraufsteigend).
Es war der letzte Schlag!

Leon.
Müßt Ihr drum poltern?

Atalus (auf Edrita losgehend).
Hier ist das Mädchen auch.

Edrita (zu Leon).
Schütz mich vor dem!
Nun hast du deinen Freund, der dir so wert
Und der mit Liebe lohnt dir deine Treue.
Ha, ha! Fürwahr! Du siehst recht artig aus!
Mit Kot befleckt und naß.
(Sie berührt ihn mit dem Finger.)
Du armer Junker!

Atalus.
Der wollt' es so!

Edrita.
Nun aber geht ans Werk!
Denn ob mein Vater gleich im Schlafe liegt,
Wär's möglich, daß Verdacht ihn früher weckte.

(Sie geht zur Pforte, um sie zu öffnen. **Leon** tut es statt ihrer.)

Der Weg läuft anfangs grad, dann teilt er sich.
Der eine links bringt schneller wohl ans Ziel,
Doch wählt den andern rechts, er führt durchs Dickicht,
Und da die Unsern euch zu Pferde folgen,
Durchdringt ihr leicht, was jene stört und hemmt.
Den Schlüssel steck von außen in das Schloß,
Und seid ihr fort, schließ ab und wirf ihn weg,
So hält ein neues Hemmnis die Verfolger.

(**Leon** befolgt es.)

Edrita (zu Atalus).
Und kämen sie euch nach, ergreif 'nen Ast
Und fechte löwenkühn für deinen Freund.

Atalus.
Ich sorg um mich.

Edrita (zu Leon).
Hörst du? Das klingt recht gut.
Nun aber geht! Die Zeit vergönnt nicht Wort.
Die ihr als Räuber kamt, wie Diebe macht euch fort.

Kattwald (der mit Galomir am Fenster der Halle erscheint).
Dort stehn sie, schau!

Edrita.
Nur schnell!

(Die jungen Leute entfliehen, wobei das Tor offen bleibt.)

Kattwald (zu Galomir).
Folg ihnen, lauf!

Edrita.
Da bricht nun alles Wetter über mich.

(**Galomir** ist aus der Türe gekommen und auf die Brücke getreten. Diese wankt und bricht endlich mit ihm zusammen, er stürzt in den Graben.)

Edrita (vortretend).
Ha, ha! ha, ha! Der dumme Galomir!
Das haben sie recht schlau sich zugerichtet.

Kattwald (am Fenster den Spieß zum Wurf schwingend).
Verruchter Balg, des trägst nur du die Schuld!

Edrita.
O weh, o weh! Sie bringen mich noch um!
Auch ließen jene dort den Torweg offen.
Ich dreh den Schlüssel ab und mach mich fort.
Ist erst der Zorn vorüber, kehr ich wieder.
(Sie eilt durch die Pforte, die sie hinter sich zuzieht und abschließt.)

Kattwald (am Fenster, mit den Händen in den Haaren).
So schlage denn der Donner! Mord und Pest!
Hört mich denn niemand? Knechte! Leute! Brut!
Da steh ich denn und fresse meine Wut!

(Indem er einen fruchtlosen Versuch macht, aus dem Fenster zu steigen, fällt der Vorhang.)

Vierter Aufzug

Waldige, dicht bewachsene Gegend. Links im Vorgrunde ein großer Baum mit einem natürlichen Moossitze. Auf derselben Seite im Hintergrunde dickes Gestrüpp und Steinmassen, höhlenartig ein Versteck bildend. Es ist Tag.

Leon und Atalus kommen.

Leon.
Hier ist der rechte Weg.

Atalus.
Nein, dort!

Leon.
Nein, hier!

Atalus.
Dort, hat das Mädchen selber mir gesagt.

Leon.
Euch sagte sie's?

Atalus.
Ja mir, und war besorgt,
Weil ich durchnäßt, und rührte meinen Arm.

Leon.
So lebt denn fort in Eurer süßen Täuschung!
Doch läuft der Fußsteig hier.

Atalus.
Ich geh nicht weiter.
Soll alles denn nach deinem Dünkel nur?
Auch bin ich müd.
(Er setzt sich rechts auf einen Stein.)

Leon.
Und holen sie uns ein?

Atalus.
Wenn sie uns fangen, ei, dann geht's dir schlimm,
Mich kauft der Oheim etwa dennoch los.

Leon.
Er kauft Euch los? Weil er nicht kann, nicht mag,
Drum eben kam ich her.

Atalus.
Er mag nicht, sagst du?
Das ist recht schlecht von ihm.

Leon.
Schmäht Ihr den Ohm?
Den frommen Mann, der fehllos bis auf eins,
Nicht daß er geizig, wie ich einst ihn hielt,
Nein, daß, beschäftigt wohl mit höhern Dingen,
Den Neffen er nicht besser sich erzog.
Weil er Euch liebt, drum sandt' er mich hieher,
Wär's nicht um ihn, ich ließ Euch längst in Stich.

Atalus.
Das wär' mir eben recht! du bist mir widrig.

Leon.
Ihr säßt noch bei den Pferden ohne mich.

Atalus.
Dort war mir wohl, auch hatt' ich Essen satt.
(Aufstehend.)
Nun denn, weil du für gar so klug dich hältst,
Weißt du hier Pfad und Steg und Ziel und Richtung?
Hast du bedacht, was sonst dem Menschen not?
Was nützt es uns, daß wir im Freien sind,
Wenn wir vor Mangel grausamlich verschmachten?
Der Wald dehnt sich wohl etwa tagelang,
Und eher findet sich ein reißend Tier,
Das uns verzehrt, als wir, wovon wir zehren.

Leon.
Vertraut auf Gott, der uns so weit geführt,
Er wird die Hungernden mit Nahrung trösten,
Wie den Gefangnen er die Freiheit gab.
Und nun...

Edritas Stimme (hinter der Szene).
Leon!

Leon.
Man kommt. Nur schnell von hinnen!

Atalus.
Hör erst!

Edrita (näher).
Leon!

Atalus.
Das ist des Mädchens Stimme.

Leon.
Wes immer auch! Hier sind nur wir und Feinde.
Auch ist sie kaum allein.

Atalus.
Sie ist's. Ich seh's.

Leon.
Nun, so verplaudern wir die Zeit der Rettung.

Atalus.
Sie hilft uns wohl mit einem neuen Fund.
Geh immer, wenn du willst, ich harr auf sie.

Leon.
Nun denn, so streck ich wehrlos meine Hände;
Wenn's doch mißlingt, ich trage nicht die Schuld.

(Edrita kommt.)

Edrita.
Hier seid ihr ja. Nun, das ist recht und gut.

Atalus.
Sei mir gegrüßt!

Edrita (zu Leon).
Was wendest du dich ab?
Du fürchtest, ich verzögre eure Flucht?
Doch umgekehrt. Jetzt tut euch Zaudern not.

Atalus.
Siehst du?

Edrita.
Was soll er sehn?

Atalus.
Ich wollte weilen,
Er trieb zu gehn.

Edrita.
Da hatt' er recht, du nicht,
Da ihr nicht wußtet, was nur ich kann wissen.
Die Unsern gehn zu Roß die andre Straße,
Insoweit ist es gut. Doch dieser Pfad,
Er trifft am Saum des Walds mit jenem andern,
Und da ihr Pferde doch nicht überholt,
So wär' euch schlimm, kämt ihr zu früh dahin.
Im Rücken ihrer aber geht ihr sicher.

Leon.
Nun aber noch um aller Himmel willen:
Wie kommst du her?

Edrita.
Ich, meinst du? Ei, ja so!
Ihr habt es gut gemacht, bis nur auf eins.

Atalus.
Ei, er macht alles klug.

Edrita.
Ja, alles andre.
Ihr wart kaum fort, da wollten sie mich töten,
Der Vater hob den Spieß in seiner Hand.
Da lief ich fort, ein Endchen in den Wald,
Bei Tagesanbruch wollt' ich wiederkehren.
Doch kam der Tag, da sah ich euern Fußtritt
Im weichen Boden kenntlich eingedrückt;
Das, dacht' ich, das verrät sie; und am Saum

Des Rasens gehend, wo kein Fußtritt haftet,
Bestreut' ich eure Spur mit Sand und Erde.
So kam ich weiter, weiter und bin hier.
Und nun ich da, kehr ich nicht mehr zurück.

Leon.
Was fällt dir ein?

Atalus.
Ja ja, bleib nur bei uns.

Edrita.
Bedenk nur selbst. Kehrt nun mein Vater heim
Und fing euch nicht, was euer Gott verhüte!
So schlägt er mich und wirft mich in den Erker,
Wo ich schon einmal lag, wie einst die Mutter.
Und dann wird jener Galomir mein Mann.
Ich will ihn nicht. Ich sag euch's nun, ich will nicht.
Nehmt mich mit euch, ich bin euch wohl noch nütz.
Die Wege kenn ich hier und alle Schliche.
Ihr seid noch nicht so sicher, als ihr glaubt.
Sie führen Hunde mit, ich hört' es wohl,
Die wittern euch und schlagen bellend an,
Mich aber kennen sie und jeder schweigt,
Und streichl' ich ihn, legt er sich auf die Pfoten.
Ich will zu deinem Herrn, zu seinem Ohm,
Und dort den frommen Lehren horchend lauschen,
Die er wohl weiß von Gott und Recht und Pflicht.
Will mich mein Vater, soll er auch nur kommen
Und lernen auch, ist er gleich grau und alt.
Das ist ihm nütz. Sie sind auch gar zu wild.

Leon.
Ich aber duld es nicht!

Edrita.
Wie nur, Leon?

Leon.
Ich habe meinem frommen Herrn versprochen.
Nichts Unerlaubtes, Greulichs soll geschehn
Bei diesem Schritt, den nur die Not entschuldigt.
Hab ich den Sklaven seinem Herrn entführt,
Will ich dem Vater nicht die Tochter rauben
Und mehren so den Fluch auf unserm Haupt.

Edrita.
So hör doch nur!

Leon.
Es soll, es darf, es kann nicht.

Atalus.
Er ist nicht klug.

Edrita.
Ei, klüger, als du glaubst.
Er ist der Mann des Rechts, des trocknen, dürren,
Das eben nur den Gegner nicht betrügt.
Allein durch ungekünstelt künstliches Benehmen
Vertraun erregen, Wünsche wecken, denen
Sein wahres Wort dann polternd widerspricht,
Das mag er wohl und führt es wacker aus.
(Zu Atalus.)
So nimm denn du mich mit.

Atalus.
Ja doch, wie gerne.

Leon.
Ich duld es nicht.

Edrita.
Wir fragen dich auch nicht.
Wir sind zu zweit, da gilt denn unsre Meinung.

Leon.
So trenn ich mich von diesem Augenblick.

Edrita.
Auch das! Wir helfen ohne dich uns weiter.
Die Wege kenn ich alle bis zum Strom,
Von dort an weiß sie der.

Atalus.
Ich weiß sie nicht.

Edrita.
Nun denn, dann sind wir nahe deinem Land,
Und jeder bringt uns auf die sichre Fährte.

Leon.
Viel Glück dazu!

Atalus.
Siehst du, er streitet immer.

Edrita.
Dann treten wir vor deinen Oheim hin
Und sagen ihm: dein Knecht hat schlimm getan,
Wir aber halfen selbst uns, wie wir konnten.

(Zu Leon.)
Du bist ja trüb.

Leon.
Ich lieh dir meine Laune.

Edrita.
Siehst du? Man muß nur artig sein und wollen,
Sonst kommt das Müssen und dann fehlt der Dank.

(Der Ton eines Horns von weitem.)

Leon.
Hör doch! Nun zitterst du, und warst so kühn.

Edrita.
Und wenn ich zittre, ist's um euch.

Atalus.
Nur fort!

Leon.
Ich bleibe.

Edrita.
Keine Torheit, die nur quält.
Das ist kein Trupp; ein einzelner, Verirrter,
Der die Genossen sucht mit Hornesruf.
Er wird vorüberziehn, weil er allein,
Und, zwei zu fangen, mehr als einer nötig.
Dort rückwärts ist, ich weiß es, ein Versteck,
Wo dichte Sträuche sich zum Schirmdach wölben.
Dort warten wir, bis seine Schritte fern,
Vielleicht könnt ihr beschleichen ihn, bewält'gen.
Wie immer, nur hinein, und zwar im Umkreis,

Daß ihm der Tritt nicht unsre Spur verrät.
(Sie führt sie leise auf den Zehen bis an die Bäume rechts, dann rasch am innern Umkreise zurück und in die Höhle.)

(Kurze Pause; dann kommt Galomir von der linken Seite, einen Spieß auf der linken Schulter, das Schwert an der Seite, ein Horn um den Leib. Er sucht gebückt nach den Fußtritten am Boden.)

Galomir.
Da, da! Eh, eh! die Kleine! Oh! Nach dort!
(Die Spur mit dem Finger verfolgend.)
Wart! wart! Verirrt. Kein Mann da! Wo? Ah weit.
Uf!—heiß! (Seine Beine befühlend.)
Und müd! Da. Ah! Dort Schatten! Baum.
Ruh aus, Mann, ruh! dann weiter.
(Er setzt sich.)
Heiß die Haube!
(Er nimmt den Helm ab und legt ihn neben sich.)
Noch einmal rufen.
(Er ruft durch die hohle Hand.)
Hup!
(Er horcht eine Weile, dann nach rückwärts gekehrt.)
Ah!—Niemand hören.
Wozu das Horn? Blas an! Verwirrt, verwirrt!
(Er lehnt den Spieß an den Baum und wickelt die verworrene Schnur des
Hornes auseinander.)
Ah, los! Nun an den Mund!
(Er setzt das Horn an.)

(**Edrita**, die schon während des letzten sichtbar geworden ist und Ruhe gebietend zurückgewinkt hatte, tritt jetzt vor.)

Edrita.
Stoß nicht ins Horn!

Galomir (sie erblickend).
Ah. Ah.

Edrita.
Ich bin's! Was mehr?

Galomir.
Eh, fangen, fangen!
(Er hascht nach ihr.

Edrita.
Was braucht's zu fangen, die du ja schon hast.
Laß mir ein bißchen Raum, sitz ich zu dir.

Galomir (hastig rückend).
Eh, eh!

Edrita.
Du wirst mich doch nicht fürchten?

Galomir.
Du schuld an allem!

Edrita.
Ich? Was fällt dir ein!

Galomir.
Der Vater!

Edrita.
Nu, er wird wohl etwas zürnen,
Doch, sprech ich ihn, setzt alles sich ins Gleis.

Galomir.
Nein, nein!

Edrita.
Nun, dann bist du mein Bräutigam
Und ich die Braut, du mußt, du wirst mich schützen.

Galomir.
Ha, ha!

Edrita.
Ei, das gefällt dir!

Galomir (mit dem Finger drohend).
Du!

Edrita.
Wie, nicht?
Je, weil ein wenig etwa ich gelacht,
Als du in Graben fielst? Das war ein Sprung.

Galomir (den Arm reibend).
Ah.

Edrita.
Schmerzt's noch etwa?

Galomir (nach unten zeigend).
Uh!

Edrita.
Und auch der Fuß.
Ein Ehmann muß an manches sich gewöhnen.
Nun ziehst du aus und willst die beiden fangen?

Galomir (nach ihr greifend).
Du, du!

Edrita.
Nur mich allein? Wo bleibt dein Mut?
Nein, nein! Du selber mußt die Flücht'gen haschen.
Sie sind nicht fern!

Galomir (aufstehend).
Ah! Wo?

Edrita.
Nicht grad vor dir,
Doch auch nicht weit. Sind zwei, doch du bewaffnet.
Hier lehnt dein Spieß.
(Da Galomir danach langen will.)
Er liegt auch gut am Boden.
Und dann dein breites ritterliches Schwert.

Galomir (ans Schwert schlagend).
Ah, oh!

Edrita.
Ich weiß, dein Arm ist stark. Nur neulich
Schlugst du dem Stier das Haupt ab einen Streichs.
Doch war der Kampf nicht billig. Du bewaffnet,
Er blank und bar. Gib künftig auf den Vorteil,
Dann kämpft ihr gleich mit gleich. Allein auch so.
Ich will mich nur auf jene Seite setzen.

(Sie setzt sich auf die andere Seite. Er macht ihr Platz.)
Hier ist dein Schwert, das gut und stark. Doch schmucklos.
Was gibst du mir, so knüpf ich dir ein Bändchen,
Das, etwa blau, ich trug an meinem Hals
(sie macht eine Schleife am Halse los)
Wie, schau nur, dies. Das knüpf ich an dein Schwert.

Galomir (mit offner Hand ihr ins Gesicht greifend).
Eh!

Edrita.
Nur gemach! Das wär' ganz artig, deucht mir.
Zieh aus dein Schwert und lehn es zwischen uns,
So machen sie's bei der Vermählung auch,
Da liegt ein Schwert erst zwischen beiden Gatten.

(Er hat das Schwert neben sie gelehnt.)

Edrita (das Band um das Schwertheft windend).
So knüpf ich denn dann so und wieder so
(Sie hustet wiederholt.)

Galomir.
Wie?

Edrita.
Ei, ich bin doch allzu scharf gelaufen.
Nun steht es schön. Nicht wahr? Ei, ei, wie artig.

(Sie schlägt wie erfreut die Hände zusammen; die Jünglinge, die schon früher leise vorgetreten, sind ganz nahe.)

Edrita (das Schwert umstoßend).
O weh, es fällt!

Galomir.
Mein Schwert!

Edrita.
Heb's auf vom Boden.

(Sie tritt mit dem Fuße darauf. Galomir bückt sich.)

Edrita (stehend und auf Leon sprechend).
Nur hier! Da liegt sein Speer. Nimm ihn nur auf.
(Zu Galomir herabsprechend.)
Was zögerst du?

Galomir (immer gebückt).
Der Fuß...

Edrita (Atalus nach der andern Seite winkend).
Du hier herüber.
(Zu Galomir.)
Ja so, mein Fuß, er steht auf deinem Schwert.
Der böse Fuß!
(Zu den beiden.)
Nur hier.

Galomir (sich vom Boden aufrichtend).
So heb ihn.
(Er erblickt Leon, der, auf der linken Seite stehend, den Spieß gerade gegen seine Brust hält.)
Ah!
(Er sinkt auf den Sitz zurück.)

(**Atalus** ist indessen von der andern Seite gekommen und hat das Schwert aufgenommen.)

Edrita (steht auf und eilt auf Leons Seite).
Du, reg dich nicht, sonst bringen sie dich um!

Atalus.
Mich weht es an, hab ich doch nun ein Schwert!

Edrita (mit den Händen zusammenschlagend).
Ei, das ist gut, ei, das ist gut! Fürwahr!
(Zu Atalus.)
Du, droh ihm auch!

Atalus (mit gehobenem Schwerte).
Hier bin ich.

Leon (zu Galomir).
Mir tut leid,
Muß also ich an Euch die Worte richten.
Es war nicht meine Wahl, doch ist's geschehn,
Und da es ist, benütz ich es zur Rettung.
Bleibt sitzen, Herr, Ihr seid in unsrer Macht.
(Seinen Gürtel lösend.)
Mit dieser Schnur bin ich genötigt, Herr,
Zu binden Euch an dieses Baumes Stamm.
Es hält nicht lange gegen Eure Kraft,
Doch sind wir fern, kehrt ruhig zu den Euern.

Edrita.
Ich halte dir den Spieß, doch regt er sich,
Ist flugs er wieder dort in deiner Hand.
(Galomirn den Speer zeigend, den sie umgekehrt gefaßt hat.)
Du sieh!—Ja so!
(Sie kehrt ihn um. Zu Atalus.)
Du, droh ihm... droh ihm auch!

(Während Galomir nach Atalus blickt, der einen Schritt näher getreten, zieht Leon rasch die Schnur zwischen Galomirs Leib und Arme, auf die er sich rückwärts stützt, und bindet letztere am Baume fest.)

Galomir.
Ah, oh!

Leon.
Euch wird kein Leid, wenn Ihr Euch fügt.

Edrita.
Du, bind ihn fest, er hat wohl Kraft für viele.

Leon.
Es ist getan, und wohl für jetzt genug.
Kommt, Atalus, Ihr seid mir anvertraut.

(Atalus tritt zu ihm.)

Edrita.
Ich nicht? Da sorg ich denn nur selbst für mich.
(Laut, wobei sie aber den Kopf verneinend schüttelt.)
Wir gehn nun grade in den Wald hinein.

(**Galomir** hat indessen heftige Bewegungen gemacht.)

Leon.
Er macht sich los.

Edrita (zu Atalus).
Sorg du!

(Atalus nähert sich ihm.)

Edrita (leise zu Leon).
Wenn auch! Wenn auch!
Allein genügt er nicht, Ihr seid bewaffnet,

Und zieht er unsre Leute zu sich her,
Wird frei der untre Weg, der näh're, beßre,
Und so erreichen wir den Strom vor ihnen.
Leb wohl denn, Galomir, auf lange, hoff ich.

Leon.
Und kehrt Ihr zu dem Vater dieses Mädchens,
Sagt ihm, nicht ich...

Edrita.
Ich selber, meinst du, nicht?
Ich selber nahm die Flucht? Nun, sei bedankt
Um all die Sorglichkeit für meinen Ruf.
Doch weiß ich ja, daß du die Wahrheit sprichst;
So laß uns schweigen, dann sind wir am wahrsten
Und brauchen um nichts minder unsern Fuß.
Komm, Atalus!
(Sie geht nach der rechten Seite ab.)

Leon
(Atalus nach sich ziehend).
Ja, kommt!

Atalus.
Er regt sich immer.
Ich dächt', ein ringer Streich...

Leon.
Was fällt Euch ein!

(Er zieht ihn fort. Beide Edriten nach, ab.)

Galomir (ihnen nachsehend, dann gegen seine Bande wütend).
Ah!—Schurken—Oh—Mord Donner!—Oh, das Band!
(Er versucht, mit den Zähnen sich der Schnur zu nähern.)

Geht nicht! Und dort mein Horn. Blas an!
(Das Haupt hinabgeneigt.)
Geht auch nicht.
(Rüttelnd)
Verdammte Schurken!
(Er sinkt ermüdet auf den Sitz zurück. Plötzlich mit einem listigen Gesichte.)
Ih!
(Es ist ihm gelungen, den rechten Arm zum Teil aus dem Bande zu ziehen,
er rüttelt aber gleich wieder von neuem.)
Sei ruhig, Mann!
(Laut rufend.)
Uh! Uh! Hört nicht! Der Arm! Es geht! Der Arm.
Geht, Galomir, der Arm Ah! Eh!
(Er hat den rechten Arm aus dem Bande gezogen und greift sogleich nach
dem Horne.)
Er bläst.
(Stößt ins Horn. Horchend.)
Horch!—Nein!
(Macht sich mit dem andern Arme los, den Weg der Fortgegangenen am Boden
verfolgend.)
Da! Da! In Wald—Eh, eh, kein Schwert.
(Auf die leere Scheide schlagend. Er bleibt am Ausgange rechts stehen und
stößt von neuem ins Horn. Ein entfernter Ruf antwortet.)
Ah. Ha! Wo Männer, wo?
(Neue Antwort, näher.)
Ah, dort. Heran.

(Einer der Burgmänner kommt. Es ist der Schaffer. Nach und nach sammeln sich mehrere.)

Schaffer.
Seid Ihr's?

Galomir.
Ja, ja!

Schaffer.
Saht Ihr die Flücht'gen?

Galomir (auf den Weg der Abgegangenen zeigend).
Ah!

Schaffer (nach rückwärts zeigend).
Kommt dort hinüber. Dort ist unser Pfad.

Galomir (auf den Weg rechts zeigend).
Da, da!

Schaffer.
Allein, der Herr befahl...

Galomir.
Nein, da.

Schaffer.
Doch sie entwischen uns, ich sag's Euch, Herr.
Nach dortaus treffen allseit sich die Pfade.

Galomir.
Ich selber sie gesehn. Gebunden. Da.
(Auf den Baum zeigend.)

Schaffer.
Sie banden Euch?

Galomir (den Weg bezeichnend).
Nur da. Und mir ein Waffen.
(Er nimmt einem der Knechte den Kolben, ihn schwingend.)
Aha! Nur da!

Schaffer.
Nun denn, wenn Ihr befehlt,
Doch wasch ich nur in Unschuld meine Hände.

(Sie gehen nach rechts ab.)

Veränderung

Offene Gegend am Strom, der im Hintergrunde sichtbar ist. Am Ufer die Hütte des Fährmanns.

Der Fährmann und sein Knecht.

Fährmann.
Die ganze Herde, sagst du, trieb er fort?

Knecht.
Der Kattwald, ja. Wir waren auf der Weide,
's ist nun der zweite Tag. Und als er schied,
Befahl er grinsend mir, Euch nur zu sagen:
So treib' er Schulden ein, sobald sie fällig.

Fährmann.
Die ganze Herde für so kleine Schuld?
So sag ich mich denn auch für immer los,
Der Wilden Trutz ist nicht mehr zu ertragen.

Die Franken zahlen besser, sind auch besser.
(Auf einen Baum zeigend, in den ein Bild eingefügt ist.)
Sie schenkten dort mir jenes fromme Bild,
Und wenn die Frucht man kennet aus der Saat,
Gilt mehr ihr Gott als Wodan oder Teut.

Doch früher räch ich mich an jenen Argen.
Dem Kattwald fang ich nur ein Liebstes weg,
Ein Kind, ein Weib, den Nächsten seines Stamms,
Und das soll bluten, zahlt er nicht mit Wucher,
Was ungerecht er meiner Habe stahl.

Nun rüste mir den Kahn, ich will hinüber.
Man sagt, die Franken brechen wieder los
Und wollen jenes Ufer sich gewinnen,
Das streitig ohnehin, bald des, bald jenes,
Und spärlich nur bewohnt, zwei Tag' im Umkreis.
Sie zielen wohl auf Metz, wo jene Teufel
Ob ihrem Land die plumpe Wache halten.
Doch wird's wohl nicht so bald; drum noch Geduld,
Bis dahin heißt's verbeißen seinen Ärger.
Nur jenem Kattwald tu ich's früher an.
(Er geht in den Hintergrund, wo er sich am Flusse beschäftigt.)

Edrita (tritt von der linken Seite kommend rasch auf).
Wir sind am Strom!
(In die Szene sprechend.)
Verbergt die Waffen nur,
Im Notfall nehmt ihr leicht sie wieder auf.

(Die Jünglinge kommen.)

Hab ich mein Wort gehalten oder nicht?

(Leon eilt mit schnellen Schritten dem Ufer zu, von dort zurückkehrend, erblickt er den Baum mit dem Heiligenbilde und kniet betend davor nieder.)

Edrita (zu Atalus).
Wie unvorsichtig! Jetzt dorthin zu knien.

Atalus.
Da hat er recht. Man muß wohl also tun.
(Er kniet auch hin.)

Edrita (zum Fährmann, der, die beiden betrachtend, vom Ufer nach vorn gekommen).
Seid Ihr der Fährmann?

Fährmann.
Wohl, ich bin's.

Edrita.
Dem Grafen
Im Rheingau ob nicht hörig, doch verpflichtet?

Fährmann.
Dem guten Grafen Kattwald, ja.

Edrita.
Nun denn!
Die beiden, die du siehst, sind Knechte Kattwalds,
Sie tragen seine Botschaft in das Land.
Drum rüste schnell ein Schiff, ein gutes, rasches,
Das sie hinüberführt und mich mit ihnen.

Fährmann.
Des Grafen Kattwald?

Edrita.
Wohl. Damit du glaubst,
(leiser)
Das Wort heißt: Arbogast.

Fährmann.
Ja wohl, so heißt's.
Das kommt mir recht gelegen, o fürwahr.
(Seinen Knecht rufend.)
He, Notger, hier! Die wackern Leute da,
Sie tun für Grafen Kattwald ihre Reise,
Des frommen Manns, der unsre Herden schützt.
Mach immer nur das Schiff bereit.
(Die Kappe ziehend, zu Edrita.)
Verzeiht!
Ich muß dem Knecht da Auftrag geben.
(Leise zum Knecht.)
Führ sie zum Schein in Strom. Dann suche Säumnis,
Indes versamml' ich Freunde, Fischersleute...

Leon (der aufgestanden ist).
Wo ist der Fährmann?

Fährmann.
Hier.

Leon.
Wir wollen über.

Fährmann.
Ich weiß, ich weiß, in hohem Auftrag, ja!

Leon.
Was spricht der Mann?

Edrita.
Ich sagt' ihm, was du weißt,
Daß ihr, die beiden, mit Graf Kattwalds Botschaft...

Fährmann.
Und da gehorcht ein niedrer Mann, gleich mir.

Leon.
Wenn Ihr's nur deshalb tut, und nicht für Lohn,
Um dessen willen nicht, der prangt dort oben,
(auf das Heiligenbild zeigend)
So wißt: nicht in Graf Kattwalds Auftrag gehn wir,
Und nicht mit seinem Willen sind wir hier.

Edrita.
Leon.

Leon.
Es ist so, und ich kann nicht anders.

Fährmann.
Gehört ihr nicht zu Kattwalds Freunden?

Leon.
Nein.

Fährmann.
Ihr habt nur erst vor jenem Bild gekniet.
Seid ihr vielleicht von jenen fränk'schen Geiseln?
Es ward um einen kurz nur angefragt.

Leon.
Wer fragte?

Fährmann.
Wie es hieß, von seiten dessen,
Der ihren Gläub'gen vorsteht in Chalons.

Atalus.
Leon!

Fährmann.
Ihr seid erwartet drüben; doch
Liegt feindlich Land dazwischen weit und breit.

Leon.
Nun, Gott wird helfen. Wer wir immer sei'n,
Willst du den Strom uns nicht hinüberbringen,
Versuchen wir denn anderwärts das Glück.

Fährmann.
Halt noch! Und habt ihr Geld?

Leon (Münzen vorweisend).
Wenn das genügt.

Fährmann.
Nun denn, ich führe selber euch hinüber.
Nicht weil ihr Kattwalds, nein doch, weil ihr's nicht.
Denn wärt ihr's, lägt inmitten ihr des Stroms.
Er ist mein Feind, und Rache lechzt die Brust.

Leon (zu Edrita).
Siehst du, man ist nicht klug, wenn man nur klügelt.

Edrita (sich von ihm entfernend und auf Atalus zeigend).
Ich geh mit dem. Was soll es weiter nun?

Fährmann (zu dem sein Knecht gesprochen hat, der sogleich wieder abgeht).
Nun kommt, denn Reiter streifen durch die Gegend.
Seid ihr entflohn, verfolgen sie wohl euch.
Seht dort! Folgt rasch! Und dankt dem droben,
(auf das Bild am Baume zeigend)
Der euern Fuß, der euer Wort gelenkt.

(Sie gehen.)

Ein Krieger (der im Vorgrund auftritt).
Halt da!

Fährmann.
Halt selber du! Es liegt ein Wurfspieß
Und auch wohl zwei im Kahn. Willst sie versuchen?

(Sie gehen ab.)

Krieger (zurückrufend).
Hallo!

Zweiter Krieger (der im Hintergrunde links aufgetreten).
Dort sind sie.
(Er ist vorgeprellt, jetzt zurückweichend und sein Haupt schirmend.)
Blitz! Sie haben Waffen.

Kattwald (auftretend).
Wo da! Wo da?

Zweiter Krieger.
Sie sind schon, seht, im Strom.

Kattwald.
Verfolgt sie!

Zweiter Krieger.
Ja, da ist ringsum kein Kahn.
Doch an der Sandbank müssen sie vorüber,
Dort rechts, da reichen wir mit unsern Pfeilen.

Kattwald.
Schießt immer, schießt! Und träft ihr auch mein Kind,
Weit lieber tot... verwundet wollt' ich sagen,
Als daß entkommen sie, mein Kind mit ihnen.

(Knechte haben sich rechts am Ufer aufgestellt.)

Knecht.
Es ist umsonst. Sie staun mit Macht den Strom
Und halten ihren Kahn scharf nach der Mitte.

Kattwald (wieder hineilend).
Nicht also sie! Nicht sie? Nicht Rache! Rache!
So werf ich mich denn selber in den Strom,
Und kann ich sie nicht fassen, mag ich sterben.

Knecht (ihn zurückhaltend).
Laßt ab! Vielleicht erreicht sie Galomir.
Am Ende seines Wegs ist eine Furt,
Da kommen dann noch drüben sie zu Schaden.

Kattwald (an seinem ausgestreckten Arm die Stellen bezeichnend).
Die Hand, den Arm in ihrem Blute baden.

Fünfter Aufzug

Vor den Wällen von Metz. Im Hintergrunde ein großes Tor, die daran fortlaufenden Seitenmauern zum Teile von Bäumen verdeckt. Rechts im Vorgrunde eine Art Scheune mit einer Flügeltüre. Es ist vor Tag und noch dunkel.

Leon (öffnet die Tür der Scheune und tritt, jene hinter sich zuziehend heraus).
Die Sonne zögert noch, 's ist dunkle Nacht,
Und dunkel wie das All ist meine Brust.

(Zurückblickend.)
Da liegen sie und schlafen wie die Kinder,
Ich aber, wie die Mutter, bin besorgt.
O daß ein Teil doch jenes stillen Glücks,
Der Freudigkeit am Werk mir wär' beschieden.

(Nach vorn kommend.)
So weit gelang's. Der Strom ist überschritten,
Wir sind im Jenseits, das so fern uns schien.
Zwar wohnen Feind' auch hier, doch weiß ich nicht,
Die Gegend, sonst belebt und menschenvoll,
Ist öd und leer, und der Begegner flieht.
Zwar sichert das vor allem unsern Weg,
Doch fehlt auch, der den Weg uns deutend künde.

Die Stadt hier deucht mich Metz, der Feinde Burg,
Wo sie die Wache halten übers Land.
Ist die im Rücken, nähert sich die Heimat.
Ich wünschte Flügel unserm Zauderschritt,
Doch wag ich's nicht, das Schläferpaar zu wecken,

Sie sind ermüdet bis zum bleichen Tod.
Trag du allein, Leon, trag du für alle.

Und wenn wir nun vor meinem Herren stehn!
Wie tritt mit eins sein ehrfurchtheischend Bild
Durch Nacht und Dunkel vor mein irres Auge!
Sein letztes Wort war Mahnung gegen Trug,
Und nun, wie bunt, was alles wir vollführt.
Die Tochter aus dem Vaterhaus geraubt.
Geraubt! Gestattet mindstens, daß sie folge.
Wie werd ich stehn vor meines Herren Blick?

Und dann, was wird aus ihr, die uns gefolgt
In kinderhaft unschuldigem Beginnen,
Vertrauen schöpfend aus dem Gaukelspiel,
Des Zweck war, zu entfernen das Vertrauen?
Ich kann nicht glauben, daß sie jenen liebt,
Den Jüngling Atalus, ist gleich sein Wesen
Verändert und gebessert seit der Zeit,
Als er hinweg schied aus der wilden Fremde.
Erst schien sie mir mit Neigung zugetan,
Doch trieb mein Weigern, achtlos ernstes Mahnen
Von mir sie fort zu ihm.—Sie liebt ihn nicht,
Und doch geht jedes Wort, das sie ihm gönnt,
Wie Neid und Haß durch meine trübe Seele.

Nur in der Nachtruh' erst, da fiel ihr Haupt
Im Schlaf herabgesenkt an meine Brust,
Ein stärkrer Atemzug klang wie ein Seufzer,
So warm das Haupt, so süß des Atems Wehn,
Mir drang es fröstelnd bis ins tiefste Mark:
Vielleicht denkt sie an ihn.—Da stand ich auf,

Gab einem andern Kissen ihre Schläfe
Und ging heraus und plaudre mit der Nacht.

Der Osten graut, der Tag, scheint's, will erwachen.
Vielleicht erkenn ich nun des Weges Spur,
Vielleicht, daß in der sonderbaren Öde
Ein Wanderer—Horch, war das nicht ein Schritt?
Was soll die Vorsicht da, wo Vorsicht hemmt?

(An der linken Seite leise rufend.)
Ist hier ein Mann? Geht jemand diese Wege?
Nun wieder still.—Doch nein. Wer geht? Gebt Antwort!

Knecht Kattwalds (der hinter ihm auftritt und ihn rückwärts faßt).
Die Antwort hier!

Leon.
Verrat.

Erster Knecht.
Du selbst Verräter!

Zweiter Knecht (links im Vorgrunde auftretend).
Ist er's?

Erster Knecht (mit Leon ringend).
Er macht sich los!

Zweiter Knecht.
Ich komme.

Leon (hat sich losgerungen).
Fort!
Eh' nicht mein Amt vollendet, fängt mich niemand.
(Er geht wieder nach der andern Seite.)

Kattwalds Schaffer (kommt).
So habt ihr sie?

Erster Knecht.
Dort einer.

Schaffer.
Nu, wo der,
Dort sind die andern auch. Kommt nur heran!

Galomir (tritt auf).
Ha du! Das Mädchen wo? Eh, oh, mein Schwert.
(Er zieht sein Schwert.)

Schaffer.
Seid ruhig nur, sie können nicht entrinnen.

Leon.
Lechzt ihr nach meinem Blut, wohl denn, hier bin ich;
Die Rache sucht des Schadens Stifter ja.
Wollt ihr das Mädchen, eures Herren Tochter?
Ich will sie bitten, daß sie mit euch zieht,
Und geht sie, gut; wenn nicht, so steht mein Blut
(die Hand an ein dolchartiges Messer legend, das er im Gürtel trägt)
Für sie auch ein, wie ganz für jenen andern.

Schaffer.
Wo sind die beiden, sprich! Hier hilft kein Leugnen.

Leon.
Ich leugne nicht und habe nicht geleugnet.
Hier sind sie, schaut, doch haltet euch entfernt.

(Er hat die Türe der Scheune geöffnet, man sieht Atalus und Edrita in halb sitzender Stellung auf Strohbündeln schlafend.)

Rührt euch die Unschuld nicht ob ihrem Haupt?
Wie Gottes Atem weht des Schlafes Atem
Aus ihrer Brust, indes sie dort bei ihm.
O Schlaf, du Anfang unsrer Seligkeit,
Nur unterbrochen noch von trübem Wachen!
Sprecht sachte, leise, daß ihr sie nicht weckt.
(Er schließt die Türe.)
Nun aber noch. Der erste, der sich naht,
Er fällt, ein Opfer seines raschen Eifers.
(Noch einmal die Hand am Messer.)
Ist's einer auch nur, droht's doch allen gleich.

Schaffer (da Galomir auf Leon eindringen will).
Wozu auch ohne Not? er hat ein Waffen,
Und jener andre steht, erwacht, ihm bei.
Hier ist ja Metz, der Unsern starke Feste.
Da drin sind Fesseln, Bande, sichre Kerker
Und Helfer der gefahrlos lust'gen Jagd.
Poch einer dort ans Tor, wir stehn und wachen.

(Einer geht hin.)

Leon.
Nun denn, sie haben mich umstellt mit Netzen,
Da hilft denn einer nur und der bist du!
(Mit aufwärts gestreckten Armen.)
In deinem Auftrag ging ich in dies Land,
Durch meines Herren Mund hast du gesprochen.
Aus seiner frommen Werke reichem Schatz
Gab er mir deinen Beistand auf die Reise,
O nimm die Hilfe nicht, bevor sie half.
Ich weiß, Unmögliches schein ich zu heischen.
Doch ist ja möglich das nur, was du willst,

Und was du nicht willst, das nur ist unmöglich.
Um mich nicht fleh ich, nein, für ihn, um sie.
Ein Menschenleben, ach, es ist so wenig,
Ein Menschenschicksal aber ist so viel.
Beschirm sie gegen Feinde, gegen sich.
Das Mädchen, zu den Ihren heimgekommen,
Wird im Gewöhnen wild und arg wie jene.
Und Atal... Wir wissen's beide, Herr!
Er ist nur schwach; kehrt er in neue Haft,
Fällt er verzweifelnd ab von deinen Wegen;
Sein Oheim aber segnet sich und stirbt.
Das soll nicht sein, das darf nicht. Nicht wahr, nein?
(Er fällt auf die Knie.)

Schaffer.
Er ist verwirrt und spricht mit Luft und Wolken.
(Nach rückwärts.)
Kommt niemand noch?

Leon.
Horch! Welch bekannter Klang!

(Aus der Stadt tönt der entfernte Laut einer kleinen Glocke.)

So tönen ja der Christen fromme Zeichen,
Die Gläubigen versammelnd zum Gebet.

Schaffer.
Du irrst, da drin sind keine Christenvölker,
Da ehrt man Wodan und den starken Teut.
Man kommt.

Leon.
Wohlan, so gilt es denn das Letzte?

Ich bitte nicht mehr Hilfe, nein, ich fordre...
Ich bitte immer noch, ich bitte, Herr!
Als ich von deinem frommen Diener schied,
Da leuchtete ein Blitz in meinem Innern;
Von Wundern sprach's, ein Wunder soll geschehn.
Und so begehr ich denn, ich fordre Wunder!
Halt mir dein heilig Wort!—Weh dem, der lügt!
(Er springt auf.)

(Die Tore gehen auf, Gewaffnete treten heraus, unter ihnen ein Anführer, glänzend geharnischt.)

Schaffer (der sich dem Tore genähert, zurückweichend).
Die sind der Unsern nicht.

Anführer.
Hier Feinde, greift!

Schaffer (immer zurückweichend).
Ist das nicht Metz, der Unsern starke Feste?

Anführer.
Noch ehegestern war's der Euern Stadt,
Ein Überfall bei Nacht gab sie uns eigen,

(Glockentöne von neuem)

Und schon tönt heller Klang der frommen Glocken,
In Eile aufgerichtet, zum Gebet
Und lockt zu glauben, die da liebend hoffen.

Leon (zu Atalus und Edrita, die aus der Hütte getreten).
Hört ihr?

(Chorknaben kommen aus dem Tore.)

Anführer.
Der fromme Kirchenvogt, er selber,
Des Sprengel überall, wo Hilfe not,
Er kam herbei in seines Herren Dienst,
Zu streuen Aussaat christlicher Gesittung.
Dort kommt er, seht! ergebt euch Gott und uns.

(Gregor tritt heraus.)

Leon (zu Atalus).
Dort Euer Ohm! Lauft hin!

Atalus (auf ihn zueilend).
O Herr! Mein Herr!

Gregor.
Mein Atalus! Mein Sohn!—Gott, deine Gnade.

(Sie halten sich umarmt.)

Leon (Edritas Gesicht zwischen beide Hände fassend).
Edrita, schau! Da sind wir bei den Unsern.
(Sie loslassend.)
Ja so, du bist im Ganzen doch der dunkle Fleck.

Edrita (sich von ihm abwendend).
Bin ich? Da muß ich mich denn selber reinen.

Gregor.
So halt ich dich in diesen meinen Armen!

(**Atalus** will sich vor ihm auf die Knie niederlassen, er hebt ihn auf.)

Ich habe viel um dich gesorgt, mein Sohn,
Nicht nur, wie du der Haft wohl frei und ledig,

Nein, um dich selbst, um all dein Sein und Tun.
Ein Schleier fiel von dem bestochnen Auge.
Du bist nicht, wie du sollst. Wir wollen sehn,
Ob wir durch Sorgfalt künftig das ersetzen.
Nun aber sag, kamst du allein hierher,
War nicht ein andrer bei dir, den ich sandte?

Atalus (auf Leon zugehend).
Dort steht er, dem ich's danke. Dort mein Schutz.

Gregor.
Ha, du, mein toller Bursch. Mein Wackrer, Treuer!
Hier meine Hand! Nicht küssen, drücken So.
Nu, hübsch gelogen? Brav dich was vermessen?
Mit Lug und Trug verkehrt? Ei ja, ich weiß.

Leon.
Nu, gar so rein ging's freilich denn nicht ab.
Wir haben uns gehütet, wie wir konnten.
Wahr stets und ganz war nur der Helfer: Gott!

Gregor. Das ist er auch in allen seinen Wegen.
(Zum fränkischen Anführer.)
Und so, in seinem Namen, bitt ich Euch,
Laßt los die Männer hier, gönnt ihnen Heimkehr.
(Auf Galomir und die Seinen zeigend.)
Es wäre denn, es fühlte einer Trieb,
Im Schoß der Kirche... Nun, sie wollen nicht,
Geht immer nur mit Gott. Hier ist kein Zwang.
Am Ende zwingt die Wahrheit jeden doch,
Sie braucht nicht äußre Helfer und Beschützer.
Wär' sie auch Wahrheit sonst? Zieht hin in Frieden.

Galomir (auf Edrita zeigend).
Die dort?

Schaffer.
Benützt die Freiheit, die sie gönnen,
Eh' sie's gereut. Sie sind wohl töricht g'nug.

(Er zieht ihn nach sich. Die Seinigen folgen, von einigen Gewaffneten geleitet.)

Gregor (der einige Schritte nach der Stadt gemacht hat).
Ihr steht noch immer da, folgt nicht zur Stadt?

Atalus.
Hier ist noch eine, Herr, die deiner harrt.

(**Edrita** tritt vor.)

Sie ist des Kattwald, meines Hüters, Tochter.

Gregor (stark).
Leon, tatst du mir das?

Leon.
Verzeiht, o Herr...

Edrita.
Er wird Euch sagen, daß nicht er es war,
Daß wider seinen Willen fast ich folgte.
Auch ist es so.

Gregor.
Was brachte dich dazu?

Edrita.
Was mich zuerst zu diesem Schritt bewog,
Ich wußt' es damals nicht, nun aber weiß ich's,

Doch sei's vergessen auch für jetzt und stets.
Der zweite Grund, der edlere, der reine,
Er bleibt, wie damals, also jetzt und immer.
Du botst nur erst den Männern unsres Volks
Der Kirche Heil, sie aber wollten nicht;
Schau eine hier, die wollte und die will,
Nimm auf mich in die friedliche Gemeine.

Gregor.
Und ohne deines Vaters Willen denn?

Edrita.
Holt er sie selbst, gib ihm zurück die Christin,
Dem Christen nur, vertrau ich, gibst du sie.
So pflanzt sich fort des Guten schwacher Same,
Und künftig Heil entsprießet für mein Volk.

Gregor.
Mir ziemt's zu kargen nicht mit dem, was aller,
Und deinen Vorsatz weis ich nicht zurück.

Atalus.
Und dann noch eins! Ich will ihr wohl, o Herr,
Und wenn...

Gregor.
Was nur?

Atalus.
Wenn du's gestattest, wollt, ich...

Gregor.
Was Neues denn? das war sonst nicht dein Sinn.

Atalus.
Als ich gefangen lag in harten Banden,
War sie die einz'ge, die nicht rauh und wild.
Dann auf der Reise hielt sie sich an mich,
Nahm meinen Arm, und sonst auch Herr, du siehst.

Gregor.
Ich sehe, daß sie hold und wohlgetan.

Atalus.
Auch stammt sie von dem Grafen her im Rheingau.

Gregor.
Und also, meinst du? auch dir ebenbürtig?
Gib nicht für einen Ahn, so alt er ist,
Den ältsten auf, den ersten aller Ahnen,
Ihn, der da war, eh' noch die Sonne war,
Der niedern Staub geformt nach seinem Bild.
Des Menschen Antlitz ist sein Wappenschild.
Ich hatte andre Absicht wohl mit dir,
Doch wenn es Gottes Willen nun...
(Zu Edrita.)
Und du?

Edrita.
Ich denk vorerst in Einsamkeit zu leben,
Was du sodann gebeutst, das will ich tun.

Gregor.
Die Zukunft mag denn lehren, was sie bringt.
Vorerst reich ihm als Schützer deine Hand.

Leon (da Atalus die Hand ausstreckt und Edrita im Begriff ist, die ihre zu heben).
O Herr!

Gregor.
Was ist? Warum stehst du so fern?

Leon.
Ich nahe denn, um Urlaub zu begehren.

Gregor.
Urlaub, warum?

Leon.
Das Reisen wird Gewohnheit,
Reist einer nur ein Stück mal in die Welt.
Und dann, Ihr wißt, mich trieb wohl stets die Lust,
Im Heer des Königs...

Gregor.
Das wär's?

Leon.
Ja, das ist's.

Gregor.
Dich treibt ein andrer Grund.

Leon.
Fürwahr, kein andrer.

Gregor.
Weh dem, der lügt!

Leon.
Man sollte ja doch meinen...

Gregor.
Noch einmal weh! dem Lügner und der Lüge.

Leon.
Nun, Herr, das Mädchen liegt mir selbst im Sinn.
Will sie mich nicht, mag sie ein andrer haben.
Doch zusehn eben, wie man sie vermählt...

Edrita (auf ihrem Platze bleibend).
Leon.

Leon.
Ja, du.

Edrita.
Leon, und ich...

Leon.
Wie nur?

Edrita.
War ich gleich anfangs dir nicht denn geneigt?

Leon.
Doch in der Folge kam's gar bitter anders.
Du gingst mit Atalus.

Edrita.
Ei, gehen mußt' ich,
Du aber stießest grausam mich zurück.

Leon (auf Gregor zeigend).
Es war ja wegen dem. Er litt es nicht.
Sollt' ich mit Raub und Diebstahl zu ihm kehren?

Edrita.
Du aber stahlst mein Inneres und hast's.

Leon.
Und willst dich doch vermählen?

Edrita.
Ich?
(Mit gefalteten Händen den Bischof vertrauensvoll anblickend.)
O nein.

Gregor.
Wer deutet mir die buntverworrne Welt!
Sie reden alle Wahrheit, sind drauf stolz,
Und sie belügt sich selbst und ihn; er mich
Und wieder sie; der lügt, weil man ihm log—
Und reden alle Wahrheit, alle. Alle.
Das Unkraut, merk ich, rottet man nicht aus,
Glück auf, wächst nur der Weizen etwa drüber.
(Zu Atalus.)
Es steht nicht gut für uns; was denkst du, Sohn?

Atalus (nach einer Pause).
Ich denke, Herr, das Mädchen dem zu gönnen,
Der mich gerettet, ach, und den sie liebt.

Gregor.
So recht, mein Sohn, und daß dir ja kein Zweifel
Ob ihres Gatten Rang und Stand und Ansehn;
Von heut an, merk! Hab ich der Neffen zwei.
Der König tut mir auch wohl was zuliebe,
Da frei' er immer denn das Häuptlingskind.

Du bist betrübt. Heb nur dein Aug' vom Boden,
Du wardst getäuscht im Land der Täuschung, Sohn!
Ich weiß ein Land, das aller Wahrheit Thron;
Wo selbst die Lüge nur ein buntes Kleid,
Das schaffend Er genannt: Vergänglichkeit,
Und das er umhing dem Geschlecht der Sünden,
Daß ihre Augen nicht am Strahl erblinden.
Willst du, so folg, wie früher war bestimmt,
Dort ist ein Glück, das keine Täuschung nimmt,
Das steigt und wächst bis zu den spätsten Tagen.
Und diese da
(mit einer Bewegung der verkehrten Hand sich umwendend)
sie mögen sich vertragen.

(Da Leon und Edrita sich in die Arme stürzen und Gregor eine Bewegung fortzugehen macht, fällt der Vorhang.)